日本一の覆面調査員《ミステリーショッパー》が明かす
100点接客術

本多正克
HONDA MASAKATSU

PERFECT SERVICE
FROM MYSTERY SHOPPER

Discover
ディスカヴァー

はじめに

わたしは「サービス」のプロフェッショナルではありません。有名なホテルに長年勤めたわけでもなく、一流レストランで「おもてなし」を学んだわけでもありません。ましてや、そのような「ホスピタリティ理論」を学んだ博識なコンサルタントでもありません。

ですから残念ながら、高度なサービスをつくり出すための理論や体験談を提供することはできません。この本には、「超」一流のサービスが書かれているわけではありませんし、これを読めば「超」高級店なみのサービスができるようになるというわけでもありません。

しかしわたしは、ありがたいことに「日本一の覆面調査員《ミステリーショッパー》」という声をいただくことがあります。「覆面調査」というとなにやらあやしげな響きもありますが、これは「一般のお客様を装って、お店のサービスを総合的に評価する調査」のことをいいます。

調査員が一般客になりすましてお店を利用し、数多くのチェックリストにもとづいて、そのお店の清潔度、接客態度、商品やサービスの質、雰囲気などを評価して、最終的な結果を各店舗にフィードバックするのです。

現在では、一流ホテルや一流レストランはもちろん、みなさんがふだん利用するような飲食店、小売店、サービス会社などからも幅広く依頼を受けています。おそらくわたしが調査したことのない業界はないといえるほど、ありとあらゆる業界で当たり前のように行われているものなのです。

最近ではマスコミなどでも取りあげられているので、「覆面調査」「ミステリーショッパー」という言葉を聞いたことのある方も多いかもしれませんが、ヤフーやグーグルで検索をかけても一つもヒットしなかったころから、わたしはこの覆面調査に取り組んできました。

そして、日本ではじめてプロの調査員を組織化し、現在では、一般モニター・セミプロ・プロ調査員という三層レベルで、全国各地の店舗調査を請け負っています。

わたしには、日本中の、いや世界各国のお店を訪ね続けたという自負があります。

会社設立前には、アメリカ全土やヨーロッパ13ヵ国を訪れて、独自のミステリーショッパー体系を模索してきました。そして現在は、日本全国津々浦々まで足を運び、あらゆる業種の調査を行っています。ですから、一般のお客様の立場から、なにがよいサービスで、なにが悪いサービスなのかを見きわめる目は養われているのではないかと思います。

「覆面調査のプロフェッショナル」とよばれますが、それはとことんお客様の立場に立って、客観的にお店を観察し、どうすればよりよくすることができるのかを真剣に考えてアドバイスしているからでしょう。

ここがポイントなのですが、なぜわたしがこの分野のプロフェッショナルであり続けることができるのかといえば、どんなに数多くのお店の調査をしても、あくまでも「一般客」としての自分を忘れないからだと思います。一人の客としての立場から物事を見ることに長けているのです。それができなければ、覆面調査のプロフェッショナルになることはできません。わたしの使命は、こうしたお客様視点から「声を届ける」ことだと心から信じています。

また、調査結果が出たらすぐに、今度は「改善」のための指針を示している点も支持される理由ではないかと思います。つまり、わたし自身が一流のサービスを提供しているわけではないけれども、一流のサービスができるようになる素材を提供できるということが、わたしの最大のメリットでしょう。そんなお客様の立場から見たサービスを、この本ではたくさん取りあげています。ごく一部の場所でしかなされないような「特別なおもてなし」ではなく、どんなお店でも、いますぐに取り組むことができるような「ちょっとしたサービス」をご紹介していきます。

つまり、この本のテーマは身近なサービスがちょっとスペシャルになる方法といえるかもしれません。それを、お客様の立場からお伝えしているのです。

ですから、なにかに迷ったときや現場で悩んだときは、少しだけ時間をさいて、この本を開いてみてください。難しいことは一切ありません。あなたの気持ち一つですぐにでも取り組めますので、「ちょっと試してみるか」という気持ちで使ってみてほしいと思います。

そして、いつの日か、お客様から「すてきなサービスをしていますね」といわれるようなお店にしていただけたら、わたしもとてもうれしいです。

この本のなかには、全国展開しているチェーン店で売上ランキングが最下位だったお店の話なども出てきます。そうした店舗も、覆面調査の結果から生まれたちょっとしたアドバイスによって、いまでは売上もお客様からのアンケート評価も全国ランキングの上位に名を連ねています。

あなたがほんの少しやる気を出してがんばれば、それが周りのスタッフへと伝播します。さらにそれが、お客様へと伝播していきます。お客様が元気になれば、地域社会も元気になるでしょう。そして、地域社会が元気になると、社会全体も元気になるのです。

つまり、あなたの一歩が、社会を変えていくわけです。ぜひ、そんなすてきな社会の担い手になっていただければ幸いです。

本多正克

はじめに　1

PERFECT SERVICE

第1章 気持ちのいいサービスを身につけよう　13

全体を見わたす　14
ファーストレスポンスをすばやく　18
質問には、すぐ答える　22
お客様をしっかりと誘導する　26
手にもしゃべらせる　30
いつもより15度深くおじぎする　34
お客様の背中を3秒間見守る　38
お客様を最後までお見送りする　42

PERFECT SERVICE

第2章 姿勢・態度を見なおそう

笑顔の練習をする 48
背筋を伸ばす 52
話をするときに、お客様の目を見つめすぎない 56
不慣れな敬語にこだわらない 60
事前準備を惜しまない 64
フックを使ってオンとオフを切り替える 68
目標とする人を持つ 72
仕事に対する志を持つ 76

PERFECT SERVICE

第3章 お客様とつながろう 81

名刺を活用する 82
感謝の言葉を5回伝える 86
お客様の性格と感情を見抜く 90
お客様の表情からサービスを組み立てる 94
お客様の変化に気づく 98
お客様の持ち物にも気を配る 102
なにげない一言に隠されたチャンスを察知する 106
相づちのバリエーションを増やす 110
ささいな一言を添える 114

PERFECT SERVICE

第4章 提案じょうずになろう

気づいたことはすぐにメモする 120
商品知識をマイノートにまとめる 124
ストーリーノートをつくる 128
適度な販売を心がける 132
ちょっとしたコツを披露する 136
会話の引き出しを3倍にする 140
三つの提案を用意しておく 144
自分のおすすめ商品を紹介する 148

PERFECT SERVICE

第5章 ピンチをチャンスに変えていこう 153

お客様の意見を積極的に集める 154
お客様との「ズレ」に敏感になる 158
小さなゴミを見すごさない 162
緊急時のためマニュアルをつくる 166
子供のアクシデントは安全第一 170
クレームは起きてからが肝心 174
緩急をつけて対応する 178
いいと思ったことは続ける 182

PERFECT SERVICE

第6章 チームワークを高めよう

みんなで方向性を共有する 188
お店独自のキャッチフレーズをつくる 192
自分たちのクレドをつくる 196
採用は厳しく 200
チーム全体で学び合う 204
よいことは続け、悪いことは直す 208
店内に「やまびこ」を響かせる 212
暗黙の連携がとれるようになる 216
チームメンバーの満足感を上げる 220

本書は、二〇〇七年に小社より刊行された
『覆面調査員は見た！ 感動のサービス あきれたサービス』
を再編集し、改題・新装したものです。

第1章

気持ちのいいサービスを身につけよう

POINT

01

全体を見わたす

忙しくなればなるほど、人の視野は狭くなる傾向があります。忙しいと、心も狭くなりがちです。そして、自分のことしか考えられなくなります。

あるイタリアンレストランでの話です。お昼時はお客様でおおにぎわい。スタッフは常にバタバタとしていて余裕がありませんでした。お客様がウェイターをよぼうと手をあげても、スタッフは自分の目の前の仕事で精一杯でした。

お客様がきたのに、だれもそれに気がつかないということさえありました。そしてそのお客様は、結局、そのまま帰ってしまいました。こうしたことが頻繁に起こっていたといいます。

覆面調査員としてこのレストランの改善を依頼されたわたしは、店内をじっと観察してみました。すると、だれ一人としてお店全体を見わたしている人がいないことに気がつきました。そして、だれもが目の前の仕事しか見ていないことが、お店全体がうまく機能しなくなっている原因ではないかと感じたのです。

そこでわたしは、**忙しいときこそ、全体を見わたしてみましょう**と提案しました。そうすることで、いま、お店でなにが起こっているのかが見えてくるからです。

具体的には、各スタッフに定位置を決めてもらい、一定の時間ごとにそこへ戻ってきてもらうことにしました。たとえば、佐藤さんは毎時15分になったら1番テーブルの横に立つ。田中さんは毎時30分になったら入口付近に行くといった具合です。

そして、必ずそこで**10秒間立ち止まる**ようにしたのです。こうすることで、どんなに忙しいときでも、必ず立ち止まる時間ができるわけです。

さらに、立ち止まったら、**自分の持ち場以外も見わたす**ようにと伝えました。

そして、どこの席にどんなお客様がいてどんな状況になっているのか、それを見きわめたうえで、自分をいちばん必要としているお客様への対応を最優先するようにしたのです。これにより、スタッフ全員がお店全体を見わたすことができるようになりました。

忙しいときに全体を見わたせるようになると、それだけで、お客様があなたを見る目が変わります。というのも、お客様は、必要なときにすぐに気づいて対応してくれるスタッフを心から信頼するからです。たとえば、メニューを見て注文を決め、だれかスタッフが近くにいないかとキョロキョロしはじめたときすぐに対応してもらえると、お客様は「気持ちのよい対応だな」と感じるのです。

あなた自身が客としてお店に入ったときのことを考えると、その気持ちがよく理解できるのではないでしょうか？　忙しくてだれもあなたのことを見ようとしないお店と、入店すると同時に「いらっしゃいませ。すぐにご案内いたしますので、少々お待ちください」など声をかけてくれるお店、どちらが気持ちよいかは明らかですね。全体を見てすぐに動けるスタッフのいるお店のほうが、ずっと高い評価をえられるのです。

ですから、**お店が忙しいときこそ、全体を見わたすくせをつけてください。**手をあげているお客様はいませんか？　キョロキョロしているお客様はいませんか？　なにか不足しているお客様はいませんか？　コップがからになっているお客様はいませんか？

忙しいなかでも、冷静になって全体を見わたすことで、もっともっと違った風景が見えてくるはずです。

全体を見わたせるようになると、困っているお客様やサポートが必要なお客様が見えてきます。そういうお客様にすぐに対応していくことで、必ずお客様の満足度は高まります。**どうしてもその場で対応できないときは、一言でもよいので、お客様にお声かけをするようにしましょう。**そうすれば、お客様に「この人は周りの見えた対応ができているな」と感じ取ってもらえます。

POINT

02 ファーストレスポンスをすばやく

時間は均一ではありません。同じ1時間でも、あっという間の1時間と、とても長い1時間があります。好きなことをしているときの1時間ははやくすぎますが、退屈なときは時間がとても長く感じられるものです。

この感覚を知っているかどうかが、サービスの質に大きな影響を与えます。

想像してみてください。あなたは朝から大忙しで、朝ごはんを食べる時間もありませんでした。しかも、ランチタイムに急な来客があり、結局ランチも食べ損ねてしまいました。空腹ながらも仕事をこなし、夜7時になってやっとごはんを食べにいくことができました。近所のレストランに入り、料理を注文します。

これでやっとごはんを食べられる。そう思って待っているのに、いつまでたっても料理がきません。後から入店したお客様のほうへ先に料理が運ばれています。

催促しても、「はい、わかりました」というだけで、本当にわかっているのかもあやしいところ。それからさらに10分たっても、結局料理はきませんでした。忘れられていたのです。

もしこんな目にあったら、カンカンになって、クレームをいいたくなりますね。

実は、こうしたことはよくあるケースなのです。わたし自身も覚えがありますし、わたしの周りの人も、一度や二度は経験しているようです。最初の料理の提供が遅れると、お客様はお店にいるあいだずっと不満を感じ続けてしまいます。**最初の失敗は、なかなか取り戻すことができない**のです。

飲食店では、一品目を3分以内に提供するよう心がけましょう。それは、お客様がひどくお腹を空かせていなくても同じです。「一品目を3分以内」という目標を掲げて対応することで、お客様の信頼を勝ち取ることができるのです。

もちろん、お客様によって時間の感じ方に違いがあります。5分くらい待っても不満に思わない方がほとんどですし、10分でもなにも感じない方もいます。

だからこそ、この「3分」を守ることができれば、ほとんどのお客様に、料理の提供がはやいと判断してもらえます。

一品目が3分以内で出せれば、二品目はもう少し時間がかかっても問題ありません。しかし、最初の料理でお待たせしてしまうと、お客様の「待たされた感」が非常に強くなってしまいます。

一品目を3分以内にというのは簡単なようですが、実際はかなりたいへんなことです。これを実行するためには、厨房とのきめこまかな連携が必要になってきますし、ホールのスタッフ一人ひとりが自分の役割をしっかり認識していないとうまく回りません。

これは飲食店だけで気をつければいいというものではありません。小売業やサービス業では、**初期対応**が一品目に対応します。具体的にはたとえば、お客様がお店に入って、店内をウロウロしはじめたときです。一部のお客様は、このとき放っておかれると、お店を去っていってしまいます。

この場合は、3分ではなく、**30秒程度でお客様の目的を見きわめる**力が必要となります。つまり、お客様はなにかを購入しようとしているのか、それとも、ただ単に見にきただけなのかを判断し、適切なお声かけをするのです。

もし、あなたが飲食業にかかわっているのであれば、どんなときでも一品目を3分以内で出せるようにするにはどうしたらよいかを考えてみましょう。注文の品を3分で提供するのが難しいようであれば、試食品やサービス品、おつまみ、パンなどを無料提供してでも、3分以内の提供を試してみましょう。サービスが行き届いたお店だという印象を与え、信頼してもらうことができるはずです。

小売業やサービス業にかかわっているのであれば、来店したお客様との接点をどのように持つべきかを、30秒以内に見きわめるようにしてください。買う気があるにもかかわらずまったく声をかけてもらえないと、お客様は店員にやる気がないと思ってしまいます。自分は相手にされていないのだと考えてしまうことさえあります。

どのような業種であっても、**最初の対応をすばやくしっかりと行うこと。**それだけで、接客のレベルが格段に上がります。

POINT

03

質問には、すぐ答える

まじめな人ほど、お客様からの質問に本気で悩んでしまうものです。お客様が気楽に聞いたことでも、真剣に考えこんでしまい、すぐに返答できないのです。「え〜っと、あの、そうですねぇ……」などと言葉に詰まってしまい、お客様に不安を抱かせてしまいます。

まじめに考えすぎてしまうこと以外にも、返答が遅くなってしまう原因がいくつかあります。新人スタッフにとくに多いのですが、商品やお店についての知識が少ないというのが代表例です。そのほかにも、お客様からの質問が難しすぎて、返答の仕方によっては無責任な回答になってしまう場合などがあります。

どのような場合でも、**お客様の質問にはズバリと答えられるように準備**しておきましょう。

値段を聞かれたときに迷っていては、お客様に「この人はなにもわかっていないな」と思われてしまいます。そうならないように、最低限の商品知識を頭に叩きこんでおきましょう。

もし、どうしてもすぐに答えられないときは、「勉強不足で申し訳ございません。すぐに上司に確認いたしますので、少々お待ちください」などのフォローを入れましょう。そして、できるだけはやく、上司や先輩に聞いて回答するのです。

ただし、お客様からの質問は、商品知識を問うようなものだけではありません。たとえば、「彼女にプレゼントするとしたら、この二つのうち、どちらがよいでしょうか？」といった質問があります。突然こういった質問をされると、どう答えたらよいのかわからなくなってしまうという人もいるでしょう。

おすすめや好みなど主観的なことをたずねるお問い合わせは、とくに回答が難しいものです。もちろんその気持ちはわかりますが、なんの回答もできないままというのは問題です。どのような質問であっても、自分なりに考えて、なにかしら答える必要があります。

お客様から投げられたボールは、そのまま放っておかないようにすることが大切です。まずは、どのようなボールを投げられても、それを受けとめる努力をしましょう。正確に答えることよりも、こうしたキャッチボールを意識することが、信頼関係をつくるポイントです。

たとえば、「ここに送付先リストがあるから、いま買った商品を全部、明日までに送っておいて。よろしく」とお客様から一方的にいわれてしまったとしましょう。あなたならどのように答えますか?

こういう場合も、まずはキャッチボールをすることが先決です。たとえば「お急ぎですか?」という投げかけでもよいでしょう。それに対してお客様がなにか返してきたら、そこからまた会話を発展させることができます。

あるいは、「こちらで手配することはできるのですが、別途料金がかかってしまいます。いま、料金をお調べしますね。お時間はよろしいでしょうか?」という返答でも、ボールを返していることになります。このようにして何度かやりとりをするなかでお客様の考えを探っていき、最終的にしっかりとした回答ができればいいのです。

ポイントは、**最後にはズバリと答えを出す**ことです。あいまいな答えを返してしまうと、お客様を不安にさせてしまうだけでなく、「なんで質問したときにいわなかったんだ」と、クレームに発展してしまう場合もあります。

言葉を発しないということも、あいまいな答え方の一種なので、注意が必要です。

ある書店でのことです。お客様が「○○という本はありますか？」とカウンターにいたスタッフにたずねました。そのスタッフは無言のまま、奥のパソコンでその本について調べはじめました。少し時間がかかっていたようです。

すると、そのお客様は、「わたしの質問をなぜ無視するんだ！」と怒ってしまいました。質問をしたのに、スタッフがなにもいわないので、調べてくれているとは思わなかったのです。

これは、お客様が投げかけたボールに対し、言葉を返さなかったことが大きな問題を引き起こした例です。

迷わず、無言にならず、とにかくボールを投げ返す。これが質問というボールを投げかけられたときのコツです。

POINT

04

お客様をしっかりと誘導する

あるお店で、「トイレはどこですか?」とたずねたときのことです。店員さんがその場に立ち止まったまま、遠くのほうを見ながら「あちらになります」とだけいいました。「あちら」というのはお店の外のようでした。お店の外にトイレがあるのかなと思い、外に出てみると、たしかにそこにトイレの表示がありました。

説明するのがめんどうだったのか、これでわかるだろうと思ったのかは定かではありませんが、「あちらになります」という言葉だけで案内したつもりだったようです。しかし、これはあまりていねいな案内とはいえませんね。実際わたしも、もう少しわかりやすく教えてくれればいいのにと感じました。

商品を案内されるときにも同じようなことがありました。

バッグ売場で、ある商品を探しているという設定の接客調査を行ったときのことです。目当ての商品の名前を店員さんに伝えると、店員さんは「ああ、その商品でしたら、そちらです」とだけいいました。しかし、「そちら」には5つほどのバッグが並んでいました。これでは、商品名しか知らないお客様には、どれがその商品なのかまったくわからないはずです。

場所や商品のありかをたずねられたとき、どのように対応すればいいのでしょうか？　それは、お客様と一緒にできるだけ近くまで移動して、ご案内することです。先ほどのトイレの案内であれば、トイレの前まで一緒に移動するのは難しいと思いますので、お店の出口まで一緒に移動し、トイレまでの行き方を手で示しながら説明してあげましょう。

商品の案内では、その商品が置いてある場所までお客様と一緒に移動しましょう。さらに、お客様にその商品を触ってもらうところまで徹底するとよいでしょう。

「そちら」という表現はあいまいで、不親切な印象を与えてしまいます。ですから、お客様と一緒に移動して、できる限り近くまでご案内することを心がけてください。

お客様から、近くにあるほかのお店への行き方をたずねられると、いやな顔をする店員さんもいます。「なぜ、わざわざほかのお店を教えなければいけないのか」と考えてしまうからです。

その気持ち、よくわかります。でも、その方は困っているのですから、できるだけていねいに教えてさしあげるべきです。そうすることで、たとえそのときは買い物をしてもらえなくても、よい印象を与えることができます。実際、こうした対応に感動した方が、後日、お客様として来店するというのはよくある話です。百貨店などで同じフロアにあるお店の場所をたずねられたとき、そのお店の前までご案内すれば、それはとてもレベルの高い対応といえるでしょう。

このようなていねいな対応が「当たり前」にできるようになると、それだけでお店の価値が高まります。たまたま1回だけというのではそれほど印象には残りませんが、**いつもていねいな対応ができていると、次第に「あのお店は親切だね」と評価してもらえるようになります。**

「そちら」や「あちら」という言葉を使うときは、**お客様が目でも確認できる**ようにしましょう。つまり、近くに目的のものがある場合は手で方向を指し示す。遠い場合は紙に行き方を書いたり、地図を見せたりしながら教える。それ以外のときは「そちら」まで一緒に行ってあげるということです。そうすることで、お客様からの評価が格段に高まります。

なにか作業をしているときにたずねられたとしたら、どうすればよいでしょうか？

こういう場合は、その**作業を中断することが、ほかのお客様にすぐ影響を与えるかどうか**を考えてみましょう。たとえば、飲食店で食事を運んでいる最中であれば、運ぶことを優先すべきということになります。こういうときは、ほかのスタッフに声をかけて引き継いでもらいましょう。また、だれもいないという場合には、少しお待ちいただくようお客様にお願いしましょう。

一方、その作業を中断してもほかのお客様の迷惑になるわけではないという場合は、おたずねいただいたお客様への対応を優先させましょう。

ほんの少し案内の仕方を変えるだけで、「親切なお店だな」と感じてもらえるようになります。

POINT

05

手にもしゃべらせる

同じような接客をしているのに、なぜか説得力のある人と、そうではない人がいます。その差は多くの場合、「ジェスチャー」にあります。**なぜか安心感を持たれる人というのは、要所要所で手をうまく使っている**のです。

あるショッピングセンターでのことです。売場から少し離れたところにあるレジへと、スタッフがお客様を案内していました。そのときそのスタッフは、言葉とともに、いくつもの場面で「手」を使っていました。

「レジはあちらになります」というときには、手を「あちら」の方向へ向けていました。また、お客様を案内しながら歩くときには、「こちらに段差がございますのでお気をつけください」と、足元を手で指し示しながら一緒に歩いていました。さらに、レジの前までくると、「どうぞ」とお客様をもう一歩前へうながすようなしぐさをしていました。このように、場面ごとにじょうずに手を使ったしぐさを取り入れていたのです。移動しながらだと言葉が聞き取りにくくなるため、このようなしぐさはとても効果的です。

一方で、言葉だけですべてを進めようとする人もいます。そのような人に「こちらの商品は……」と説明してもらっても、手が添えられていないために、どの商品について説明しているのかわからないことがあります。言葉はていねいでも、手がなにも語っていなければ、商品に注目してもらうことはできません。つまり、手を使って示すことで、お客様の視点を絞ることができるということです。

ただし、とにかくいつもジェスチャーを使えばいいということではありません。あくまでも、**言葉のフォローとして、キーとなるポイントで「手」を使いましょう。**そのポイントとは、特定の商品を示したいとき、注意点を知らせたいとき、お客様に行動をうながすときです。

ここで、「言葉による説明」と「手を使った案内」を組み合わせることで、印象がぐっとアップしたおもしろい事例を紹介しましょう。

ある大型パチンコ店での話です。パチンコ店というのは音がうるさく、なかなか言葉が伝わりません。お客様から「えっ？」と聞き返されることがよくあったのですが、だれもが「そんなものだ」と思っていました。

あるとき、はじめてパチンコをしたという人がアンケートにこんなことを書いていました。「店内の音に驚きましたが、とても活気があっておもしろかったです。ただ、トイレの場所などを聞いても、声がかき消されてしまいよく聞こえません。もっと表示物を見やすくしたり、トイレまでのマップを用意したりしてもらえると助かります」

このアンケートを読んで、スタッフはハッとしました。いつもパチンコ店にいるため、うるさいのが当たり前になっていて、お客様から何度も聞き返されることにも慣れてしまっていたのです。しかし、はじめてきたお客様の意見で、改善すべき点に気づいたのです。

さっそく、店内の表示物をより大きなものにしました。そして、小型の店内マップを用意しました。さらに、言葉だけではなく、手も使って伝えようということになりました。これで、「トイレはどこ?」と聞かれたときに、たとえ言葉が聞こえなくてもきちんとご案内できるようになったのです。

ちょっとしたことでしたが効果はとても大きく、評判は上々でした。やったことは、表示物を大きくして見やすくしたこと、店内マップを用意したこと、そして「手」を使って伝えるようにしたことで、お金はほとんどかかっていません。とくに、**「手」の部分は、気持ち一つですぐにでも実行できること**です。

あなたも一度、自分の仕事を見直してみて、**どこかで「手」を付け加えられないか**を考えてみてください。お客様の視点を1点に集中させたいときや、ちょっとした気づかいを示したいときなどに、驚くほどの効果を発揮するはずです。

POINT

06

いつもより15度深くおじぎする

あるスーパーで覆面調査を行ったときのことです。そこで働いている人たちは、正社員はもちろん、アルバイト歴何十年という人から、はじめたばかりの高校生までさまざまでした。

何度か調査を行っているうちに、一つおもしろいことがわかってきました。それは、お客様からの評価が、働いている年数に比例しないことです。経験が浅くても評価が高い人もいれば、長年やっていても評価が低い人もいました。

仕事についていえば、長年やっている人のほうが、当然高いレベルのことができます。しかし、お客様の満足度は、長年やっているからといって必ずしも高いとは限らない。これは、とても興味深い結果だと思いました。

なぜお客様は、まだ5ヵ月目の高校生アルバイトに高い評価を与え、7年もやっているベテランに低い評価を与えたのでしょうか？

なんとそれは、**たった15度のおじぎの差**によるものでした。

アルバイト5ヵ月目のスタッフは、レジで一人ひとりのお客様に「いらっしゃいませ」「ありがとうございました」といいながら、ていねいにあいさつとおじぎをしていました。まだ5ヵ月目で、自分は未熟な点が多いと自覚していたために、一生懸命だったのでしょう。

一方、経験の長いスタッフは、流れ作業的にレジ業務を行うようになっていました。スピードははやいのですが、お客様と目を合わせることはなく、あいさつも頭だけペコリと下げる程度でした。

お客様のなかには、だらだらと作業されるのを嫌う方もたくさんいます。

しかし、単にスピードがはやければよいというわけではありません。あいさつもなく、商品を乱暴に袋に入れられてしまっては、やはりいい気持ちはしません。

頭だけペコリと下げる人。ていねいに頭を下げる人。後者のほうがよい印象を与えるのは明らかです。**お客様は、頭の下げ方を敏感に感じ取っている**のです。たった15度のおじぎの差は、あなたが思っている以上に大きなものです。

ここで、あなたの仕事を振り返ってみてください。なんとなくあいさつをしていませんか？　とりあえずのあいさつになってはいませんか？　頭を下げずに声だけであいさつをしたり、逆に、頭だけをペコリと下げるだけだったりではありませんか？もしそうであれば、あなたはとても損をしています。ぜひもう15度だけ、おじぎを深くしてみてください。

もう一つ別の側面から見てみましょう。実は、あいさつというのは、**自分ではやっているつもり**というケースがよく見られます。

あるレストランで接客教育を行っていたときのことです。仕事の流れを確認するために、ひと通りの仕事を、一人ひとりに実行してもらいました。すると、ある若い男性スタッフが、ほとんどおじぎをしていないことに気づきました。しかし、そのことを指摘しても、本人にはまったく自覚がありません。

そこで、一人ひとりの仕事の様子をビデオで撮影し、そのビデオを本人に見てもらいました。いつも自分ではおじぎをしているつもりだった彼は、自分の仕事の様子を見てとても驚いていました。

自分の姿を客観的に見ることで、彼はようやく自身のおじぎの仕方がよくなかったことを悟り、もう15度深く頭を下げるようにという言葉の意味を理解してくれたのです。

一度、**ふだんの仕事の様子を客観的に見てみる**とよいでしょう。スマートフォンなどで動画を撮ってもらい、チェックすることで、あなたがふだんどんなおじぎをしているのかを、客観的に見ることができます。

たった15度の差と思うかもしれませんが、その差が満足度の大きな差として表れてきます。ちょっとしたおじぎの違いで印象がここまで変わってしまうのですから、意識して取り組んでみてください。

POINT 07

お客様の背中を3秒間見守る

多くの人が、忙しさのなか**動きを止めること**を忘れています。とくに、休日のピーク時ともなると、いかにテキパキと動くかのほうが重要と考えてしまうものです。

けれども、慌ただしい仕事のやり方に慣れてしまうと、すべてが流れ作業的になってしまいます。

たとえば、「ありがとうございました」の「ありがとうござ」のあたりで、すでに体が別の方向を向いてしまうことなどないでしょうか?

わたしがある居酒屋チェーン店で調査したとき、「あり」の部分だけしか聞き取れず、それ以降が理解不能な言葉になっている人がいました。「あり」の後すぐ次の行動に移っていたため、忙しそうな印象だけが残り、声もかけにくい感じがしました。

これではなんのためのお礼なのかわかりません。せっかくテキパキと仕事をやっているにもかかわらず、雑な印象を与えてしまっているのです。

そこで、このスタッフに、お客様が帰るときなど、あいさつするときに**お客様の背中をいまより３秒間長く見守る**ように伝えました。

たったの３秒間と思うかもしれません。しかし、忙しいときの３秒間というのは、意外なくらい長く感じられるものです。とくに、あいさつの最後をないがしろにしていたスタッフにとっては、かなりの時間の無駄に感じられたようです。それでも、あいさつの後に「１、２、３」とカウントしてから次の作業に移ることを徹底してもらいました。

このようにすることで、二つのメリットが生まれます。

一つは、背中を３秒見守ることで、**お客様の背中に、ありがとうのビームを送れる**ことです。お客様の目に直接見えているわけではなくても、ていねいに見送られているると、お客様はそれをちゃんと感じ取ってくれます。中途半端なあいさつで次の行動に移ってしまう場合と、しっかりとあいさつをして見送る場合との差を、お客様は背中で感じ取っているわけです。

もう一つは、**背中を3秒見守ることで、余韻が生まれる**ことです。おじぎをしてサッと後ろを向くと、なんだか事務的な感じがしてしまいますが、3秒間の余裕を持つことで、お客様の心に余韻を残すことができます。このちょっとした余韻が、心地よさを生み出します。

これは、実際にやってみると、思った以上にたいへんです。忙しいときに3秒間も立ち止まってはいられない、その3秒間を使って、ほかのお客様の待ち時間を短くしたほうがいいのではないかという意見も出ました。

たしかに、この3秒をなくせば、次の作業に3秒はやくとりかかることができます。しかし、ドリンクが3秒間はやく提供されることよりも、3秒間長く見送られることのほうが、お客様の満足度は高まります。

また、忙しいときにあいさつに3秒間も使えないというのは、正しいようで間違っています。忙しいからあいさつを省略してもよいという発想は、忙しいのなら未完成なサービスでもかまわないという考えにほかならないからです。

お客様は、あいさつを含めたサービス全体にお金を払っているのです。

お客様の背中を3秒間見守ることは、簡単なようで、やってみるといろいろと問題が起こるものです。だからこそ、この3秒間があるかないかによって、サービスの質が大きく変わってくるともいえます。

先ほど紹介したチェーン店でも、最初はなかなかこの3秒間を徹底することができませんでした。しかし、一人ができるようになり、また一人ができるというようになってきました。すると、お客様からの感謝の言葉が増えてきたのです。

あなたのあいさつはおざなりになっていませんか？　忙しいからといって、あいさつをしながら次の作業をはじめていませんか？

もし、少しでも思い当たる節があるなら、お客様の背中を3秒間見守るようにしてみてください。それだけで、お客様があなたを見る目が変わってきます。そして、**あなた自身にも、心のゆとりが出てくる**はずです。

POINT 08

お客様を最後までお見送りする

お見送りの仕方一つで、お客様に感動を与えることができます。わたしが以前経験した、百貨店に入っているアパレルショップでの接客を二例紹介しましょう。

お店に入ったのは、閉店時刻の1時間ほど前でした。スーツを探していたので、スタッフと話しながら柄や素材などを決めていきました。やっと購入するスーツも決まり、サイズ合わせをしているときにふと時計を見ると、すでに閉店時刻を20分もすぎていました。あわててスタッフに謝ると、逆に「もう出口が閉まっておりますので、たいへん申し訳ありませんが、通用口から出ていただかなくてはならないんです」と申し訳なさそうに謝られてしまいました。

買い物が終わると、周囲のお店のスタッフが片づけなどでバタバタとしているなか、彼女はわたしを誘導しながら通用口まで案内してくれました。そのお店はB館の5階にあったのですが、通用口があったのはA館の1階奥でした。彼女は、まずA館まで行き、それから1階まで下りて、さらにわたしを奥にある通用口まで連れていってくれたのです。そして、商品を手渡し、ていねいにあいさつをしながら見送ってくれました。

ここまでていねいに見送られたわたしは、とてもよい印象を抱きました。自分だけのためにここまでしてくれたということに対して、**ちょっとしたプレミア感を感じた**からです。

もう一つの例も、まったく同じような状況でのできごとでした。しかし、お見送りの仕方には大きな違いがありました。スタッフは、お店の外の通路に出て、「あそこを左に曲がってからまっすぐ行って……、それから右に曲がって……」と、閉店後の退店方法について説明してくれました。そして、あいさつをすると、そのままお店の片づけに戻っていきました。

同じような二つのケースを経験することで、わたしは出口まで見送ることの重要性を知りました。閉店後は忙しいでしょうし、はやく帰りたいという思いもあるでしょう。しかし、だからこそ出口までしっかりと先導してお見送りすることで、お客様の心を打つことができるのです。

そこまで求めるのは、もしかするとお客様（あるいはわたし）のわがままなのかもしれません。忙しいなか出口まで案内しようとするスタッフに気をつかって、断るのがマナーなのかもしれません。ただ、わたしがここでお伝えしたいのは、出口までお見送りしようとする気持ちがある人と、その場の口頭説明でよしとする人とでは、**知らず知らずのうちにサービス全体の質に差が出てくる**ということです。

出口までのお見送りでもう一つ印象に残っているのは、あるレストランチェーンでの体験です。チェーン店というとサービスも全国一律というイメージがあるかもしれません。しかし、同じチェーン店を全店回ってみると、その一つひとつがまったく別のお店のように感じることがあります。

そのレストランチェーンでは、レジのところであいさつをしてお見送りをするというのがふつうのスタイルでした。ところが、1店舗だけ、一味違うスタイルを持っていました。担当者が必ずお店の外まで出て、お見送りのあいさつをしてくれるのです。

簡単なことのようですが、これを行うためには、お客様が帰るときに必ず担当者が居合わせなければなりません。ピーク時には、料理を出すのにも人手がたりないくらいなのですが、それでもお店の外に出て、お見送りをしてくれるのです。

外まで見送るということは、その分の手間が増えるということでもあり、一時的に人手がたりなくなってしまいます。そのため、「そんなことをしたら、料理を出す時間が遅くなる」「そんな手間が増えたら、お店が回らなくなる」という声がすぐに出てきて、実現できないというお店がほとんどです。

しかし、出口まで見送られることで、お客様は「わたしが帰ることに気がついてくれた」という喜びを感じることができます。また、チェーン店なのにここまでしてくれるんだという満足感をえることにもなります。

お見送り一つで、ほかのお店との違いを出すことができます。お客様の帰り際に立ち会うことは、それだけでぐっとお客様との距離を縮めることになるのです。

第2章

姿勢・態度を見なおそう

POINT

09

笑顔の練習をする

笑顔が大切というのは、いうまでもないことかもしれません。**笑顔が自然に出てくる人は、それだけでお客様の支持を集めます。**

しかし、笑顔を突然つくることはできません。この事実に身をもって気づいたのは、都心のあるホテルのスタッフたちを見ていたときです。

新しいホテルができると、多くのお客様はそちらに流れてしまいます。長期にわたって信頼してもらうには、サービスの質を高めるのがいちばんです。そのなかでももっとも重要なものが、笑顔だったのです。そのホテルは、インターネットの口コミサイトで、たくさんの方から「笑顔がなくて暗い」とコメントされていました。

支配人が中心となり、「笑顔」をテーマに掲げ、スタッフ全員が笑顔をつくるように徹底しました。しかし、評判は一向によくなりません。それどころか、「笑顔の対応とホテルからのメッセージにありましたが、なんだか無理をしているように思えました」とさえ書きこまれてしまったのです。

このホテルの改革にかかわることになったわたしは、**「笑顔は訓練です」**と支配人に伝えました。練習しなくても素敵な笑顔ができる人はいます。しかし、それはほんのひと握りの人です。多くの人にとって、仕事の場面でゆとりのある笑顔はなかなか出せません。急に「笑顔になれ」といわれても、なかなかその通りにはできないのです。

そこでわたしは、「笑顔は訓練」という考え方のもと、このホテルのスタッフたちに笑顔の実践練習をしてもらいました。３日もあれば、笑顔のコツはつかめるものです。３日間鏡の前で笑顔をチェックすれば、どんな顔つきのときにきれいな笑顔に見えるのかがわかります。

鏡の前で笑顔の練習をしますと伝えると、最初はだれもがとてもいやな顔をします。

とくに、何十年も働いてきたベテランのスタッフになるほど、なんでいまさら笑顔の練習などしなければいけないのかという反応を示します。しかし、やっていくうちに、その意義に気づいてくれます。では、実際の訓練の様子を紹介しましょう。

1日目。最初はなかなか素直になれないものですが、しばらくすると、徐々に鏡の前で笑顔をつくりはじめます。それが数時間も続くと、今度は笑顔を続けることのたいへんさを知るようになります。いままであまり使ったことのない筋肉を使うからなのか、感覚がまひしてくるようです。

2日目になると、笑顔をつくるコツがつかめてきます。2日目の後半には、グループにわかれ、笑顔の出し方についておたがいの感想を伝え合います。独りよがりの笑顔になっていないか、自然な笑顔に見えるかなどをほかのメンバーから指摘されることになります。このようにすることで、だれもが「いい笑顔だね」といわれるようになります。

3日目は、笑顔を単なる練習に終わらせず、本当に自分のものにしてもらうための訓練を行います。一口に笑顔といっても、微笑みのような笑顔もあれば、声をあげての大笑いもあります。最終日には、こうしたさまざまな笑い方をマスターするのです。

こうした練習をしていくことで、だれもが笑顔をじょうずに出せるようになります。ただ単に「笑顔になれ」というのではなく、**実際に訓練をすることで人は笑顔をつくれるようになるのです。**

笑顔の練習は、自宅でもどこでもできます。なかなか笑顔を出せないと感じている人は、鏡の前で笑顔になる訓練をしてみましょう。それを3日間続けるだけで、いままでとは違う笑顔になるはずです。

ただし、訓練によって出せるようになった笑顔も、心のこもった笑顔には太刀打ちできません。まずは笑顔を出せるようにして、**余裕ができてきたら、心からの笑顔を意識しましょう。**見た目は変わらないかもしれませんが、お客様の胸に響くものになるはずです。

POINT

10

背筋を伸ばす

わたしがアメリカの大学で経営学を学んでいたころの話です。現役の裁判官が法律の授業を担当していました。法律にはあまり興味がなかったのですが、現役の裁判官が教えてくれるという新鮮さと教科書には載っていないような話をしてくれるおもしろさから、この授業には毎回欠かさず出席していました。

その教授が教えてくれたことで、とても強く記憶に残っていることがあります。それは、裁判ではいかに正しい主張をしているかという理屈だけではなく、印象も非常に重要だということです。表情、服装、身だしなみ、口調、ジェスチャー、小物など、さまざまな要素が裁判の結果に影響するというのです。

そのなかの一つに、**背筋を伸ばす**というものがあります。アメリカの弁護士は、ピシッとしたスーツを着て、ピンと背筋を伸ばしている人が多いと思いませんか？　これはおそらく、「こいつはしっかりしているぞ」と思わせることが重要だということを熟知した、弁護士なりのアピール方法なのでしょう。

覆面調査員の仕事をするようになってから、お店の現場で自然とスタッフの背筋をチェックするようになりました。すると、やはり印象というのは重要なようで、**姿勢のよい人はお客様からの受けもよかったのです。**反対に、姿勢が悪い人はそれだけでお客様の印象を悪くしてしまい、それが満足度の低下にもつながっていました。

店内の雰囲気がよどんでいる場合は、背筋を伸ばすだけでガラリと印象が変わります。わたしの経験からすると、**全スタッフが背筋を伸ばして仕事をするだけで、印象が30％もアップします。**たったこれだけのことでぐっと印象がよくなるにもかかわらず、姿勢についてあまりよく考えずに仕事をしている人が多いのは残念なことです。

姿勢を意識している人の代表例といえば、フライトアテンダントですね。**背筋をピンと伸ばして、プロフェッショナルな印象をかもし出しています。**これもまた、サービスの一つなのです。

あるメンズアパレルショップで、こんなことがありました。日曜日のお昼ごろ、一組の夫婦がこのお店へ買い物にきました。いろいろな商品を手にとりながら見ているところに、あるスタッフが「今日はだんな様のジャケットをお探しですか？」と話しかけました。しかし、奥様のほうはあまり乗り気ではないようでした。

それからしばらくして、別のスタッフが再度アプローチしました。すると今度は、すぐにあれこれとリクエストを伝えはじめたのです。最終的に、この夫婦はかなりの買い物をして帰っていったのでした。

後で話を聞いてみると、最初のスタッフは姿勢が悪く、奥様は「この人に洋服をすすめられたくない」と思ったといいます。背筋が伸びていないというだけで、印象を悪くしてしまったのです。もう一人のスタッフは、背筋がピンと伸びており、信頼できそうだと感じたそうです。

そのときのことを振り返りながら、奥様はこう話してくれました。

「だって、接客する立場の人の姿勢が悪いようでは、やる気も感じられないでしょう？　そういう人にすすめられた洋服も、なんだか着たいとは思えないし」

厳しいながらも、納得せざるをえない話です。

背筋を伸ばすことは、イメージ戦略でもあります。弁護士やフライトアテンダントのように、**人から見られていることを意識して、好感度の高いイメージをつくりあげていきましょう。**

背筋を伸ばせば、それだけで30％のイメージアップになります。簡単なことですが、意外にも見すごされている点です。

POINT

11 話をするときに、お客様の目を見つめすぎない

日本人は人の目を見て話さない、とよくいわれます。海外では、人の目を見て話すことは信頼の証であり、目を見ないことは失礼にあたります。最近は、いろいろなマナーの本に「相手の目を見て話しましょう」と書かれているので、多くの人が相手の目を見て話すことを意識していると思います。

実は、ただ相手の目を見て話すのではなく、**どのように見るかという見つめ方に気を配る**ことこそが、本当に重要なことなのです。見つめ方を変えるだけで、信頼感も変わってきます。

ある美容室では、髪の毛を切る前に、簡単なコンサルテーションをすることになっていました。所要時間は、一人あたり5分から10分程度です。そこで希望の髪形や悩

みなどを聞いたうえで、カットをしていきます。

この美容室で働いているスタッフのＢさんは、このコンサルテーションのやり方について、とても悩んでいました。お客様からのアンケートで、彼のやり方に対する批判が寄せられていたからです。たとえば、「Ｂさんの技術には満足しているのですが、彼のコンサルテーションはあまり気分のよいものではありません。髪のケアが必要だといいながら、強引に商品を売ろうとするのです」といった具合です。

Ｂさんはこれを読み、自分のやり方に自信をなくしていたのです。よかれと思って商品をすすめていたのに、それが強引に売ろうとしていると思われていたことが、落ちこみに拍車をかけていました。

そこでわたしは、Ｂさんのコンサルテーションに付き添うことにしました。彼はまじめな性格で、お客様の髪のケアについて真剣にアドバイスをしていました。そして、きれいになってほしいという気持ちから、いろいろな商品をおすすめしていました。そこには、強引な言葉も、売りこみもありません。

ただ、商品を説明するときの目線がとても気になりました。お客様の目をじっと見つめながら、いかにその商品がよいのかを説明していたのです。1点をじっと見つめ、なにかにとりつかれているかのようでした。

わたしは、この見つめ方に問題があると考えました。そこで、**お客様の目をじっと見つめるのではなく、180度見渡すようにお客様を見る**ように提案しました。そうすることで全体を包みこむような感じになり、柔らかさが出るからです。

180度見渡すというのは、まっすぐ前を見たときに、左右も視野に入れるようにするということです。**180度の目線は、相手を包みこみ、信頼感をアップさせます。**

一方、1点だけをじっと見つめると、相手に強いメッセージを与えてしまいます。

それまで彼は、どのような見つめ方をするかということはまったく気にしていませんでした。そのため、なにも考えずに「人の目を見て」話していたのです。その結果、1点を見つめすぎて、「強引」と受け取られてしまったわけです。

1ヵ月もすると、だいぶ180度の目線に慣れてきたようでした。わたしは再度、彼のコンサルテーションに参加しました。そのときの彼の聞き方や話し方には、以前よりも余裕が出てきたようでした。おもしろいもので、話し方も相手を包みこむような感じになっており、以前お客様からお叱りを受けたときとはまったく違う印象になっていたのです。

その後、アンケートで「強引な売り方だ」と批判したお客様が、再度お店にきてくれたそうです。そして、彼のコンサルテーションに満足したようで、その後も定期的に来店してくれるようになったといいます。

このお客様も、彼の変化に気づいてくれたのでしょう。このできごとによって、彼は自信を取り戻すことができたのでした。

お客様の話を聞くときは、**じっと見つめるのではなく、広がりのある目線を意識しましょう。**それだけで柔らかい雰囲気を出すことができ、お客様からの信頼をえられるようになります。

POINT

12

不慣れな敬語にこだわらない

毎年4～5月ごろになると、敬語についての本がたくさん書店に並びます。新しく社会人になった人たちが、敬語を勉強しようと考えるからでしょう。

問題は、敬語を勉強した後です。ふだんの生活ではほとんど敬語を使わないため、学んだことを実践する場がありません。このため、いざ現場へ出ると、慣れない敬語を使おうとするあまり、ふだんの自分のよさをまったく発揮できなくなってしまうのです。言葉づかいでミスをしたくないという気持ちが、自分らしさを失わせてしまうのです。

言葉というのは大切なものです。マナー研修でも必ず言葉づかいの訓練があります。

しかしながら、**言葉づかいを意識しすぎるあまり、逆効果になってしまっている人**

がとても多くいます。たとえば、ていねいすぎてお客様にいら立ちを感じさせてしまうケース。敬語の使い方を間違えたくないと思うあまり、すべてに消極的になるケース。どんなお客様に対しても一律の言葉しか使えないケース……。

しかし本来は、お客様の来店頻度によって接し方は変わってくるはずです。何度も来店してくれるお客様に対しては、自然と親しみが出てくるものです。

ある化粧品店でのことです。毎月のように来店するお客様であるにもかかわらず、販売員はいつもはじめて来店するお客様と同じような会話をしていました。ていねいな接客をしようと考えてのことでしょう。しかし、そのため、いつまでたってもお客様との距離が縮まらず、信頼関係が生まれませんでした。

その後、別の販売員が担当するようになったとたんに、このお客様の購入金額が増えました。それは、**親近感のある接客をしたことで、お客様も相談や質問がしやすくなった**からでした。もともとこのお客様はそのブランド自体が好きだったため、販売員との信頼関係が深まったことで、購入意欲がさらに高まったのです。

何度も来店しているのに「言葉の距離」が埋まらないと、お客様は自分があまり大切にされていないと感じるようになります。その結果、客単価が伸び悩んだり、お客様がほかのお店へと移ってしまったりすることさえあります。せっかくのていねいな言葉づかいが逆効果になってしまっているのです。もったいないことだと思いませんか？

では、お客様はいったい、どこまでの言葉づかいを求めているのでしょうか？お客様の立場に立って考えてみましょう。あなたはお店のスタッフに、完璧な言葉づかいを求めていますか？　そうではありませんね。

一般のお客様の多くも、**ていねいさが伝わる、「ふつう」の言葉づかいであれば問題ないと考えています。**むしろ、敬語を意識するあまり違和感のある言葉づかいになることのほうを問題だと思う方がほとんどです。

まったく敬語が使えないというのは、もちろん問題です。しかし、お客様は完璧な敬語を求めているわけではありません。お客様の聞きたいことを一生懸命伝えることや、興味を引くような提案をすることのほうがお客様の信頼を高めます。

ここで注意してもらいたいのは、「言葉づかいなんて関係ない」といっているわけではないということです。言葉づかいは大切です。しかし、求められる言葉づかいは、完璧を１００とすれば、おそらく80程度で十分です。ここに注目してほしいのです。

もちろん、どんな商品やサービスを扱っているかによって、求められる言葉づかいの完璧さは変わってきます。高級品や高級サービスを扱っているのであれば、１００とはいわないまでも、やはりそれなりの言葉づかいが求められます。一方、ふつうのお店では、高級店のような言葉づかいは求められていません。それよりも**元気よく、笑顔であいさつができることのほうが重要です。**

完璧な言葉づかいではなく、感じのいい接客だなと思ってもらえるような対応を目指しましょう。

POINT

13

事前準備を惜しまない

ある高級レストランで、はじめて現場に出たウェイターの話です。お客様が食後にコーヒーを注文しました。このレストランはフルサービスのお店だったので、コーヒーにミルクを入れたいお客様がいれば、ウェイターが入れることになっていました。もちろん、事前にそうした練習をしてはいたのですが、なにしろはじめての現場だったものですから、彼は緊張して、ミルクを2滴ほどこぼしてしまいました。そして、それが運悪く、お客様のスーツにかかってしまったのです。

幸いこのお客様はとても優しい方で、とくに怒ることもなく、「気にしないでいいよ」といってくれました。とはいえ、彼にとっては非常に落ちこむできごとだったようです。

それから彼は、毎日始業の30分前にきては、ミルクやワインの入れ方を徹底的に練習しました。ときには先輩にお客様役をやってもらい、実際の場面を想定しながら練習を重ねました。そうやって何度も繰り返すことで、ワインやミルクの入れ方に関して、絶対の自信を持てるようになったのです。

もう一つ別の例を紹介しましょう。紅茶の販売会社で働いている方から聞いた話です。そのお店は、出勤初日から、いきなりすべてをまかされるようになっているそうです。研修もほとんどないため、たいていのスタッフがとても苦労するといいます。

これは、その会社の方針なんだそうです。**最初の苦労をどのように乗り越えるかが重要**だと考え、だからこそ研修もなくいきなり現場をまかせるのだそうです。そのときにどのように努力するかを見ているというわけです。

現場のスタッフのなかには、自分にはむりだと思って辞めてしまう人もいます。また、お店にきたお客様に商品を売りさえすればそれでいいと思っている人もいるようです。このような人は、いつまでたっても接客がうまくなりません。なぜなら、お客様に紅茶を売ることを、「仕事」ではなく、単なる「作業」と考えているからです。

では、もっとも接客が上達するのはどのような人なのでしょうか?

それは、**常に事前に勉強をしてくる人**です。入社後はじめての休日にすべての商品を暗記し、商品名をいわれたらその置き場所と商品についての説明がすぐにできるようにしてきた新人スタッフもいたそうです。

休みを返上して自ら学ぶことで、このスタッフはすぐにスムーズに仕事を進めることができるようになりました。その結果、だれよりもはやく仕事に慣れることができ、上司やお客様からもたいへん高い評価を受けることができたのです。たった1日休日をつぶして勉強したことが、その後の仕事に大きく影響したわけです。

このように、事前に準備をすることによって、ほかの人よりはやく仕事のスキルを上げることができますし、自信をつけることもできます。同じ新人として入社しても、事前準備をする人としない人とでは、3ヵ月ほどで大きな差がついてきます。半年、1年とたつころには、その差は3倍ほどにも広がります。

「せっかくの休日に仕事なんかしたくないよ」と思う人もいるでしょう。その考えは間違っているわけではありません。休みの日にしっかり休息をとることだって、もちろん大切なことです。

ここでお伝えしたいのは、**たった1日の準備がその後の仕事を大きく左右する**ということです。一定の時間を準備にあてることで、日々の仕事の生産性が高まり、結果的に、質の高い仕事を短時間でこなすことができるようになります。

つまり、事前準備への投入時間が、数倍の効果となって自分のもとに戻ってくるわけです。

こう考えてみると、事前準備のために少しだけ余計に自分の時間を差し出す価値は、十分あるのではないでしょうか？　事前準備をしてはやい段階から楽に仕事を進められるようになるか、それともなにもせずに成り行きにまかせるか。

もしあなたがサービスの達人を目指すのであれば、ぜひ前者を選んでほしいと思います。

POINT

14

フックを使って オンとオフを切り替える

「できる人」というのは、オンとオフの切り替えが非常にうまいようです。わたしは、ラジオやテレビに出演する機会が増えるようになったことがきっかけで、オンとオフの切り替えについて考えるようになりました。

とくに印象に残っているのは、生放送に出演したときのことです。開始前まではまったく緊張感もなく、みなさんとてもリラックスしている様子です。本番の時間が迫ってくると少しは緊張感が高まるかなと思っていたのですが、まったく気にする様子もありません。笑いながら雑談をしたりして、本当に大丈夫かなと思うほどでした。

ところが、カウントダウンがはじまって「5、4、3……」となったとたんムードが一変し、みなさんの顔が一瞬のうちに仕事モードに変わったのです。ほんの数秒前まではおおいに笑っていたにもかかわらずです。

このような切り替えがうまくできない人というのが、けっこう見受けられるものです。たとえば、仕事に入る前にしていた話が盛りあがってしまい、そのまま仕事中でも話を続ける人。私生活でいやなことが起こると、その感情をそのまま仕事に持ちこんでしまう人です。

なかなかオンとオフを切り替えられない人は、ただなんとなく仕事を進めていることが多く、よい結果を残すことは難しいでしょう。

芸能人の場合は、テレビの前の視聴者がお客様です。そのお客様の支持率によって今後の仕事が決まるという厳しい世界です。だからこそ、いかにいい表情でテレビに映るか、そして、短い時間でどれだけ自分を強烈にアピールするかという点に長けているのでしょう。いやなことがあったからとか、今日は乗り気ではないからといって、私生活モードのままテレビに映ることはできません。

飲食業、小売業、一般的なサービス業で働く人だって同じです。ただし、テレビのように「5、4、3……」とカウントしてもらえることはありません。そのため、**自分のなかでくぎりをつけて切り替えていく必要があります。**

そうはいっても、その切り替えはなかなか難しいものですよね。そんなときは、**仕事に入る直前の行動を習慣化していく**ことでよい結果がえられます。

たとえば、ある決まったカードを読んでから仕事に入る。あるいは、仕事に入る前に鏡を見て身だしなみを整えるなどです。わたしは、このような仕掛けを「フック」とよんでいます。自分なりのフックを用意しておくことで、スムーズに仕事に入ることができるようになります。

どんなささいなことであってもフックになります。仕事に入る前にトイレに行くことで気を引き締めるというのでもかまいません。また、特別なフックを用意しなくても、私服から制服に着替えることがフックになるかもしれません。ミーティングでは、最初のあいさつをフックにしてもいいでしょう。

このように、もっとも切り替えをしやすい場面を自主的につくって、サッと仕事モードに切り替えることが大事なのです。

最初のうちは、「この行動をしたら、仕事をはじめるぞ」と自分にいい聞かせて、意識的に仕事モードに入るようにします。

このように切り替えることの最大のメリットは、仕事への集中力が高まることです。うまく仕事モードに気持ちを移行できると、それだけで仕事の生産性が高まります。フックを用意しなくても自然に仕事に入りこめるようになれば、さらに理想的です。

わたしが芸能人の方々の切り替えのすばやさをはじめて見たときは、「すごいなぁ。これが芸能界だよなぁ」と妙に感心したものです。先ほどまで笑ってだらだらと話していたのに、本番ではその笑い方にまで力が入っているのです。表情や話し方、そして話への割りこみ方なども、仕事に入る前と後ではまったく違っていたのです。

もちろん、オンとオフの区別がまったくないことをあえてウリにしている人もいるかもしれません。しかし、ほとんどの方が、「芸能人としての自分」へのスイッチを持っているようでした。

わたしたちサービス業にかかわる者も、目の前にお客様がいるのですから、芸能人と同じように、**このスイッチを大切にしていきましょう。**

POINT

15 目標とする人を持つ

「目標を設定しなさい」とよくいわれます。**目標があったほうが、目指すべき方向が明確になる**からです。マラソンでも短距離走でも、ゴールが見えないとどこまで走ればよいのかわかりません。終わりが明確でないと、計画の立てようがないのです。

サービスの質を高めたいと思うなら、**サービスの達人だと思う人を常にイメージしておくようにしましょう。**つまり、その人があなたの目標であり、ゴールとなるわけです。そして、そのゴールに到達したら、また次のゴールを設定して、それを目指すのです。あなたが「こうなりたい」と思う人を追いかけて、一歩一歩成長していくのです。

自分の周りにはたくさんのすごい人がいて、どの人を目標にすればいいのかわからないよ、という人もいるでしょう。あるいは、自分の周りにはサービスの達人なんていない、という人もいるかもしれません。

ここで大事なことは、あなたが「この人はすごいな。こんな人になりたいな」と心から思える人を選ぶことです。なんとなく決めるのではなく、本当にこの人のようになりたい、この人のようになれたら理想的だという人をじっくりと選びましょう。直接知っている人のなかにそう思える人がいないのであれば、雑誌やテレビなどに出ている人から探してみましょう。

そして、**その人と一緒に仕事をしている風景をイメージしてみます。**あなたの仕事とは直接関係のない人であれば、なにかのきっかけで対談している場面をイメージしてもよいでしょう。とにかく、できる限り具体的にその人をイメージしていきます。

一度明確なゴールができてしまえば、後はそこへ向かっていくだけです。マラソンを走っていると、「もう走れないかも。もうあきらめようかな」と思う場面があります。しかし、イメージの力があればそれを乗り越えることができます。そして、理想の姿へと近づくことができるのです。

この方法で大きく成長した人を紹介しましょう。ある美容室での話です。なかなか結果が出せず、将来に不安を感じているスタッフのCさんがいました。話を聞いてみると、技術に自信はあるのだけれど、先が見えずに苦しんでいるといいます。そこでわたしは、Cさんは将来どんなふうになりたいのかを聞いてみました。

Cさんには、それに対する答えがありませんでした。将来自分がどうなりたいのかが、まったく見えていなかったのです。だからこそ、どこに向かってよいのかわからず、その場で立ち尽くしているような状態になっていたのです。

わたしはCさんに、仕事をはじめたきっかけや、どんな気持ちでそのお店で働くようになったのかをたずねてみました。すると、「このお店のナンバー1の先輩を、いつか超えたい」というキーワードが出てきました。その点をくわしく聞いていくと、かなり熱い気持ちを持っていることがうかがえました。

そこで、目標を「ナンバー1の先輩」に置きました。その先輩を超えるためには、いまの自分にはなにがたりないのか。どうすれば近づくことができるのか。このようなことを、かなり綿密に練りあげていきました。

目標が明確になれば、後はいかに最高のイメージを保ちながら、その先輩に近づくように努力するかにかかってきます。Cさんは自分の目標を常に意識して仕事をすることで、それまでの悩みが小さなものに見えてきたようでした。

それから1年半後、Cさんはトップスタイリストになり、その先輩と肩を並べるようになったというとうれしい報告をしてくれました。

このように、人は**目標が明確になり、そこへ向かって進みはじめると、非常に強いエネルギーを持つようになります。**このようなエネルギーを持ち続けるのはたいへんなことですが、目標への思いが強ければ強いほど、到達度も高まります。

あなたも、周りにいる人を見回してみてください。「この人を超えたい！」と強く思える人がいれば、その人を目標にしてみましょう。

そして、**あなたにたりないものや、反対に、あなたにしかない強みを見きわめましょう。**そのうえで、目の前の目標に向かって突き進んでいくのです。

POINT

16 仕事に対する志を持つ

こんな寓話があります。二人の労働者が、ブロックを積み上げる仕事をしていました。そこを通りかかった人が、一人に「あなたはなにをしているのですか?」とたずねました。すると、その労働者はうんざりしたように、「見ればわかるだろう。ブロックを積み上げているんだよ」と答えました。もう一人の労働者にも同じ質問をしたところ、彼は次のように答えました。「お城を建てているんです。このブロックを積み上げていくと、立派なお城ができるんです」

こまかなストーリーは忘れてしまったので、本来の話とは少し違っているかもしれません。ただし、ここでお伝えしたいのは、二人の仕事に対する姿勢の違いです。

一人は、毎日の仕事をいやいや行っているのに対し、もう一人は一つのブロックからお城をイメージして仕事をしていました。同じことをしているにもかかわらず、仕事のとらえ方はまったく違っています。

いやいややっていた人は、毎日のように不平不満をいい、つらい、苦しい、めんどうだと周囲の人に漏らしていたに違いありません。けれどももう一人は、仕事が楽しくて仕方がなかったはずです。自分の仕事がどれほど価値のあるものなのかを、周りの人にも話していたことでしょう。

同じ仕事なら、つらい、苦しいと考えるより、楽しめたほうが幸せです。そのためには、その仕事を通してなにをえたいのかを明確にする必要があります。これが明確になると、日々の仕事に対する考え方も変わってくるはずです。

ソフトバンクグループの孫正義社長は、志について次のように語っています。

「『夢』と『志』というのは似た言葉ですが、この二つには決定的な違いがあります。夢は、自分個人の願望を叶えることで、志とは個人のそれを超えて、多くの人々に貢献したいという気持ちを持つことです」（ソフトバンクＨＰ　２００８年度新卒採用合同セミナー「孫 正義ＬＩＶＥ ２００８」より）

「志」というと、なにか立派なものでないといけないような気がしますが、自分が心からそうしたいと思えることであれば、どんなことでもかまいません。たとえば、「このお店を日本一いいお店にするぞ」「このお店のスタッフで日本一のチームをつくろう」「この商品をテレビで取材してもらえるようにしよう」など、**仕事を通して実現していきたいことを明確にしてみてください。**

絶対に達成したいという気持ちが強ければ、毎日の仕事に対する心構えが変わってきます。その理由はとても簡単です。いままで単なる作業だと思っていた仕事一つひとつが、とても大きな意味のもとでつながっていることに気づくからです。つまり、どんな小さなことでも、単なる作業ではなくなるのです。

自分のお店を日本一にしてたくさんのお客様に喜んでもらおうと本気で思えば、お店をきれいに清掃することも苦痛ではなくなるはずです。むしろ、お店がきれいになっていくことで、日本一のお店に近づいたような気がしてうれしくなるでしょう。

いきなり「志を持て」といわれても、実際にはなかなか難しいかもしれません。志というのは、無理やり設定できるものではありません。まずは「こんなふうになったらいいな」とか、「こんなふうにはなりたくない」というものを見つけてみましょう。最初は漠然としていても、毎日考えていると、「これだけはいやだ」とか「これだけは実現したい」というものが見えてくるはずです。

なんだか輝いているなという人には、志があります。たとえそれが「志」とよべるほど明確になってはいなくても、なにかしら大きなものを見すえているはずです。

先ほどの寓話にもあるように、ブロックを積み上げることが自分の仕事だと考えるのか、お城を建てることが自分の仕事だと考えるのか。長い目で見ると、この差が大きな違いを生むのです。

あなたもいま一度、**なんのために仕事をしているのかを見つめ直してみましょう。**新しい発見があるはずです。

第3章

お客様とつながろう

POINT

17 名刺を活用する

覆面調査員としていろいろなお店を回っていて、とてももったいないと感じることがあります。お客様に名刺を渡す決まりになっているにもかかわらずそうしない人がいること、名刺を渡すような習慣がそもそもない場合があることです。

スーパーマーケットなど、お客様が何度も足を運んでくれるような売場であればあまり必要ないかもしれませんが、来店頻度がそれほど高くない売場では、**お客様に覚えてもらえるような努力が必要**です。

そのために効果的なのが、名刺を渡すことです。どんなに話が盛りあがっても、なにかしら形に残るものがなければ、案外忘れられてしまうものです。そして、「次はそれを買おうかな」などということになっても、話だけで終わってしまうということになりがちです。そこで、記憶にとどめておいてもらうためのツールとして、名刺を渡すのです。

名刺を渡すことには、来店したお客様へのお礼という意味もありますし、今後ともよろしくお願いしますという気持ちもこめられています。

さらには、お店としての魅力だけではなく、「○○さんがいるからきた」といってもらえるような、**個人の魅力を伝えるためのツール**にもなります。

会社から名刺が支給されないのであれば、自分でオリジナル名刺をつくってみましょう。もちろん、オリジナル名刺を渡すには会社の許可が必要ですが、ぜひとも働きかけてみてください。

わたしがとくにもったいないなと思うのは、住宅販売や自動車ディーラーなど、高額商品を売っている人のなかにも、お客様に名刺を渡さないケースがけっこうあることです。冷やかしのお客様が多く、ついついおざなりな対応になってしまうのかもしれません。しかし、たった1枚の名刺を渡さなかったことでお客様の感情を害してしまうのは、とても大きな損失です。

ですから、お客様には積極的に名刺を渡していきましょう。アピールすることをためらってはいけません。

わたしはたくさんの現場を見てきましたが、ほとんどの店員さんがアピール不足であると感じています。ていねいな接客をしようと心がけるあまり、**自分を売りこむことを必要以上におそれている**のです。

「お客様優先」と考えるあまり、聞き役に徹している人も多いようです。しかし、お客様の声に耳を傾けることと自分を知ってもらうことは、まったく別の次元の問題です。お客様だって、どこのだれかもわからない人と話すより、身近に感じられる人とのほうが話しやすいはずです。

ですから、名刺というツールを使って、あなた自身を知ってもらうようにしてみてください。そのとき、名刺にあなたのウリ（キャッチフレーズ）があるとなおよいでしょう。**パッと見たときに記憶に残るようなアピールポイント**を考えてみましょう。

わたしがかかわったある飲食店でのことです。このお店ではテーブルごとに担当者が決まっていました。そして、「せっかく担当者が決まっているのだから」ということで、自己紹介を必ず行うようにしました。帰り際には、お礼をかねて名刺を渡します。裏返すと、10％引きのクーポン券になっています。

これだけでは、単なる割引券と思われるかもしれなかったので、一人ひとりにキャッチフレーズをつけて名刺と名札にのせることにしました。さらに、レジのところにもスタッフの写真とキャッチフレーズを掲示しました。

するとどうでしょう。「笑顔の○○さん」などと、キャッチフレーズつきで名前をよんでくれるお客様が次第に増えてきたのです。

最初は恥ずかしがっていたスタッフたちも徐々に慣れていきました。半年もするとそれが当たり前になり、「本日はよろしくお願いします。笑顔が取り柄の○○です！」などと積極的にアピールできるようになったのです。

接客というのは出会いの場です。せっかくの出会いなのですから、ぜひとも積極的に名刺を渡していきましょう。あなたが渡す１枚１枚の名刺が、後々思わぬ効果をもたらすはずです。

POINT 18

感謝の言葉を5回伝える

「以心伝心」という言葉があるように、日本人のあいだには、いわなくても伝わるだろうという思いこみがあります。そのためか、感謝の気持ちを口に出していわないことが多いものです。しかし、接客においては、**意識的に感謝の言葉を伝える**ようにしていきましょう。そうすることで、お客様からの評価がぐっと高まります。

いろいろな接客調査を通してわかってきたことに、「**感謝の言葉を5回伝えている**と『この人はていねいなあいさつができているな』とお客様に感じ取ってもらえる」ということがあります。一人のお客様に5回もあいさつをする場面があるのかなと思うかもしれませんが、ほとんどすべての業種・業態で、最低5回の機会が存在します。

まずは**入店時。**お客様がお店に入ってきたときに「いらっしゃいませ」というあいさつで迎えます。入店してくれたことを歓迎する言葉が、１回目の感謝の言葉というわけです。

次は、飲食業であれば**テーブルへの案内**のときです。「いらっしゃいませ、こちらへどうぞ」という歓迎の言葉が、２回目の感謝の言葉になります。

小売業などでは、**お客様が商品を手にとったとき**のアプローチがこれにあたります。「いらっしゃいませ、本日はかばんをお探しですか？」などの言葉を投げかけることで来店の感謝を示し、さらには次の会話への糸口を見つけていきます。

それでは、３回目はなんでしょうか？

飲食業であればそれは**注文のとき**です。注文を受けたときに「ありがとうございます」といっているかどうか。実はここで大きな差がつきます。注文を受けても「はい、かしこまりました」だけしかいわない人がけっこういるものです。注文を受けたら必ず「ありがとうございます」というようにしましょう。

小売業でも同じです。**お客様が購入する商品を選んだら、**すぐに「ありがとうございます」と感謝の言葉を伝えましょう。

4回目は**レジ**です。これは飲食業も小売業も同じです。この場面では、たいていの人がお礼の言葉を口にしますが、まれに金額しか口にしない人がいます。レジでは、お客様が会計にきたときに1回、精算後にもう1回お礼を伝えると効果的です。

そして最後は、**お客様がお店を出るとき**です。多くのお店では、会計がすんだ時点で接客を終えてしまいます。しかし、本来ならば、お客様がお店を出るとき、最後にもう一度「ありがとうございました」という感謝の言葉があるべきなのです。

このように、一人のお客様が来店してから帰るまでに、最低でも5回は感謝の言葉を伝えましょう。5回もあいさつする必要はないのではないかと思う人もいるかもしれません。

たしかに、ただ単にあいさつをすればいいというものではありませんし、何度もいわれるとしつこいと思われるのではという心配もあるでしょう。

しかし、あなたが思っているほど、お客様には言葉や気持ちが伝わっていないものです。あなたが感謝の言葉を口にしたとしても、お客様の耳に聞こえていなければ、それはいっていないのと同じこと。お客様はなにか別のことに関心があると、そちらに意識を集中させてしまいます。ですが、ほかのことに意識が向いていても、５回のうち３回は聞き取ってくれているはずです。３回感謝の言葉を聞いていれば、ほとんどの方は、「この人はていねいなあいさつをしてくれた」と感じるでしょう。

接客がじょうずな人は、必ずといっていいほど、「感謝の言葉」の使い方がじょうずです。「ありがとうございました」という言葉にも、いくつものバリエーションを持っています。

たとえば、お客様が帰るときには、「ありがとうございました。またお越しくださいませ」と付け加える。注文のときなら、「ありがとうございます。すぐにお持ちしますね」などとさりげない一言を添えるのです。また、表情が豊かであることも、接客がじょうずな人の特徴です。

あなたも、まずは一人のお客様に対して、感謝の言葉を５回伝えるようにしましょう。そこへさらに、気の利いた一言や豊かな表情を添えられるようになれば、かなり質の高いサービスをする人だと思ってもらえるはずです。

POINT

19

お客様の性格と感情を見抜く

人はそれぞれ性格が違います。短気な人、マイペースな人、せっかちな人……。あなたがどんな性格であろうと、接客をするときに、自分のペースを通そうとしてはいけません。あくまでも、**お客様のペースに合わせる**のです。そうしないと、お客様の気持ちとのあいだにズレが生じ、不満を抱かせてしまうことになります。

たとえば、せっかちなお客様に対してゆっくりとていねいに仕事をしていると、それは「ていねいな対応」ではなく「遅い対応」と思われることになります。逆に、のんびりとした性格のお客様には、忙しそうに動き回っているスタッフの姿がテキパキと動いているようには見えないかもしれません。

お客様の感情レベルは一人ひとりまったく異なっているので、一律の対応では必ず不満を抱く方が出てきます。ですから、**お客様の感情レベルを知ったうえで、接客の仕方を考える**必要があります。

では、どのようにしてお客様の心理状態を把握したらよいのでしょうか？

それには、お客様が入店したときのファーストコンタクトが肝心です。この最初の接点で、そのお客様がどんなタイプか、どのような感情レベルにあるのかを見きわめましょう。

実はこれは、それほど難しいことではありません。まずは大きく、そのお客様が**「ゆっくりタイプ」か「急ぎタイプ」**かを見分けましょう。これは、そのときのお客様の動きや表情から読み取ることができます。

たとえば小売店であれば、パッパッと次々に商品を手にとったり、１ヵ所にとどまることなく店内を歩き回ったりしていれば、「急ぎタイプ」だなと見当がつきます。

飲食店では、席を探してやたらとウロウロしたり、スタッフをよぼうとしてキョロキョロしたりしている方が「急ぎタイプ」です。

「ゆっくりタイプ」の方は、一つの商品をじっくり見たり触ったりして、なかなか移動しないものです。飲食店では、待合イスに座ってゆっくりしていたり、一緒にきた方とおしゃべりをしながらのんびりと待っていたりするでしょう。

このように、ファーストコンタクトから、だいたいのお客様のタイプがわかります。慣れてくれば、さらにこまかな感情レベルが把握できるようになります。たとえば、服装や手荷物からもさまざまな情報が読み取れます。どんな人と来店しているのかといったこともヒントになります。また、最初に発する言葉に注目して、そのいい方や使う言葉からもその人の気持ちがわかるようになります。

難しく感じられるかもしれませんが、感情レベルの読み取りは、**お客様の感情を読み取ろうと思って接しているかどうか**にかかっています。経験はあまり関係がなく、新人にもできることなのです。

では、なぜ難しいと感じてしまうのでしょうか？　それは多くの人が「自分にできるのはこのくらい」と思いこんで、自ら制限をかけてしまっているからです。つまり、本当はできるはずのことができなくなっているだけなのです。

また、マニュアル通りの仕事をただ忠実にこなしている人や、習ったことだけを業務としてやろうとする人は、多くの場合お客様からのヒントを見すごしてしまっています。入店時にはただ「いらっしゃいませ」といえばよいと思い、お客様の感情を見抜くという意識がないのです。

お客様の感情レベルを把握することができたら、それに合わせて対応を変えていきましょう。楽しそうな感じの方には楽しそうに接する。忙しそうにしている方にはテキパキと対応する。**あなたがそのお客様と同じような気持ちだったらどのように対応してほしいか**を考えて行動すれば、間違いはありません。

お客様の気持ちと同調するように対応すれば、お客様は「このスタッフは、自分のことをわかってくれている」と無意識に感じ取ってくれます。そうすると、「なんだか心地のよいお店だな」と感じて、何度も足を運んでくれるようになるはずです。

POINT

20

お客様の表情からサービスを組み立てる

ほとんどのお店では、働きはじめる前に研修があり、そこで一定のマニュアルを教えてもらいます。これはまったくの素人を短期間である程度のレベルに引き上げるには、とてもよい方法です。しかし、**マニュアル通りの対応は、あまりよい印象を持たれない**ものです。

お店に入ると、「いらっしゃいませ」という声は聞こえても、店員さんがこちらを見ているわけではなく、とりあえずいっているだけだなと感じたことはありませんか？　流れるようにみごとに対応してもらったのに、気持ちが伝わってこなかったことはありませんか？

仕事に慣れてくると、「自分はちゃんと接客ができているだろうか？」「お客様に不愉快な感じを与えていないだろうか？」という新人のころの不安がなくなり、手際よく仕事を進めるあまり、流れ作業のようになってしまうことがあります。お客様がどう感じるかという部分が抜け落ちたまま、「自分はやるべきことができている」と思ってしまうのです。

しかし、**本当にお客様から支持されるサービスというのは、マニュアルを超えたところにある**ものです。マニュアルに記載された内容は、あくまでスタートライン。仕事に慣れてきてマニュアルの内容がきちんとこなせるようになったときに、「自分は仕事ができる」と考えてしまうと、お客様の気持ちとのあいだに溝ができてしまいます。

その先が大切だということはわかるけれど、マニュアル的なサービスといったいなにがどう違うのかと思いますよね。その違いを一言で述べるとすれば、それは、**相手の表情からサービスを組み立てているかどうか**ということになります。お客様の表情から気持ちを読み取ることができているかがポイントとなってくるのです。

まれに無表情な方もいますが、ほとんどのお客様は喜怒哀楽が顔に表れます。

基本はマニュアルに沿った対応でかまわないのですが、お客様の表情によっては、マニュアルから脱線してしまっても問題ありません。むしろ、これがポイントとなります。

数多くの店員さんや現場を調査した経験から、マニュアル通りに行動する人は、次の三つのタイプに分かれることに気づきました。

①性格がまじめで、決められたことからはずれてはいけないと考えるタイプ
②与えられた仕事さえきちんとこなしていればいいと考えるタイプ
③お金さえもらえればいいと考えるタイプ

意外かもしれませんが、2番目と3番目は、本人の気持ちを変えていくことで行動を変えることができます。本当に難しいのは、1番目の「性格がまじめな人」です。まじめにやるという価値観が強いため、マニュアルからはずれるという点にどうしても納得がいかないようなのです。

そんなとき、わたしは二つのことを試します。

一つ目は、**マニュアルがなんのためにあるかを見つめ直してもらう**ことです。マニュアルは会社のためではなく、よりよいサービスを提供するためにあります。

二つ目は、**マニュアルにゆとりを持たせる**ことです。マニュアルをガチガチなものではなく、多少自由に動けるようなものにしておくのです。「これをやれ」「あれをやるな」というマニュアルではなく、「お客様の立場から見て正しいかどうか」で判断するゆとりを残しておくわけです。

以前、あるメンズアパレルショップに、急いで入店し、すぐにでもスーツが必要だというお客様がいました。マニュアルには「いつもていねいな対応を」と書かれていたため、担当者は、時間をかけてていねいに品物を袋に入れていました。しかし、こういう場合は、お客様の表情や行動から判断し、それをふまえたうえでサービスを組み立てなければなりません。このようなときはもちろん、すばやい対応というのが最重要となります。

お客様の表情からサービスを組み立てられるようになると、お客様にさらに喜ばれるサービスを提供できるようになります。**マニュアルによる判断ではなく、お客様の表情や行動から判断する**ことが大切なのです。

POINT

21

お客様の変化に気づく

いつもお店に足を運んでくれる常連のお客様は、自分の変化に気づいてもらえないと、少しがっかりするようです。やはりだれでも、自分のことを見てもらえていると、うれしくなるものです。だから、いちはやくお客様の変化に気づくと、とても喜んでもらえます。

お客様の変化に気がつくためには、**お客様に関心を寄せていること**が重要です。どんなささいなことでもかまいません。ちょっといつもと違うなと思うことがあれば、それを積極的に伝えていきましょう。

なにを伝えたらいいのかわからないという人は、お客様の髪形に変化はないか、服装はいつもと違わないか、化粧は変わっていないか、持ち物に変化はないかなど、**まずは一般的な部分に目を向けてみましょう。**

「変化に気づいてあげる」というのは、常連のお客様だけに対するものではありません。はじめて来店したお客様でも、明らかに「新しい」と思えるところがあれば、積極的に言葉をかけて伝えていきましょう。

ある自動車ディーラーの話です。

来店したお客様がスマートフォンを机の上に置いていました。見ると、それは当時発売されたばかりの、とても薄くてデザインもかっこいいものでした。

担当者は、商談に入る前に気がついたことをそのまま伝えました。「あっ、そのスマートフォン、かっこいいですね」という会話からはじまり、「最近ですよね、発売されたのは?」という具合に話題をふってみたのです。買ったばかりのスマートフォンについてほめられるのは、お客様にとっても悪い気はしません。お客様も、そのスマートフォンの話をいろいろとしてくれました。その会話がアイスブレイクになり、車の購入もスムーズに進みました。

お客様の変化には、そのときだけの一時的な変化もあれば、長期的な変化もあります。長期的な変化とはたとえば、いままではいつもシックな洋服だったのに、カラフルな洋服を好んで着るようになったといったことです。あるいは、タバコの本数が減った、銘柄が変わったなど、こまかな変化かもしれません。こういうさまざまな変化に気づいてあげることで、「この人は、自分のことをわかってくれている」と感じてもらえるようになります。

さらに、**現場での変化に気づく**ことも大切です。先ほどまで笑顔だったお客様が、急に怒ったような表情になっていないでしょうか？　案内した席から立ち上がり、ウロウロしているお客様はいないでしょうか？

こうした変化には、お客様からのメッセージが含まれています。

なかには、お客様の変化に気がついているにもかかわらず、「気に障るようなことをいってしまったら困る」と考え、なにもいわない人がいます。しかし、これはとてももったいないことです。このようなときは、**前向きな言葉を伝える**ことを心がけると声をかけやすくなるはずです。

たとえば、「その時計、似合いますね」とか「おしゃれな時計ですね」というのが、前向きなよい言葉です。一方、「その時計、いくらでしたか？」というのは、とくに前向きな言葉ではありません。お客様のなかには、「なんでそんなことを聞くんだ」と気分を害する方もいるでしょう。

もう一つのポイントは、**その言葉がお客様に向かっているかどうか**です。「似合いますね」という言葉の先には、お客様の姿があります。でも、「いくらでしたか？」という言葉の先は、一見するとお客様に向かっているようですが、実際は物に向かっているのです。このように、「前向きな言葉」「お客様のほうを向いた言葉」を使えば、まず間違いありません。

お客様の変化に気がついたときに気のきいた一言がいえるかどうかで、印象はまったく変わってきます。まずはお客様を観察することで、変化をとらえましょう。そして、変化に気づいたら声をかけて伝えるのです。

ささいなことであっても、それがお客様にとってうれしい内容であれば、いろいろな話につながっていきます。

POINT

22 お客様の持ち物にも気を配る

高級レストランに行ったときの話です。スタッフが席へと案内してくれたのはいいのですが、わたしたちが手に持っていた荷物にはなんの気づかいもありませんでした。「こちらのテーブルでよろしいですか?」といったまま、メニューを置いて別の場所へ行ってしまいました。

どこに荷物を置いたらよいのかわからず、結局、一つだけ空いていたイスに手荷物を全部置くことにしました。先ほどのスタッフが何度かテーブルにきたのですが、一度も荷物を気にかけることはありませんでした。料理がおいしく、雰囲気もいいお店だっただけに、とても残念な気持ちになったのを覚えています。

このお店のスタッフたちは、ひと通りの訓練は受けていたはずです。しかし、だからこそ、決まった作業はきちんとできるのに、基本的な気づかいには気が回らなかったのではないかと思います。

さて、今度は、客単価1500円くらいのパスタ料理店に行ったときのことです。案内してくれたスタッフは、わたしたちの手荷物を見てすぐ、「もしよろしければ、こちらのカゴにお荷物をお入れください」と気づかってくれました。ほかの面でもサービスが行き届いていて、歩くときには段差に気をつけるようにと伝えてくれたり、すぐにお水を差し替えてくれたりと、随所に気づかいが感じられました。

格式が高いにもかかわらずお客様の荷物に気が回らないお店と、手頃なお値段であるにもかかわらずきめこまかなサービスができているお店。サービスの面から考えると、間違いなく後者のお店のほうが価値の高いお店です。そして、長く支持されるのも、当然、後者のお店です。

本当にお客様の視点から店舗運営がなされているお店は、持ち物への気づかいも徹底されています。見せかけだけのお店は、こういったところでボロが出てしまいます。

ほかにも気づかいのポイントはいくつもあり、これらが積み重なってお店のサービス力を決定づけているわけです。

手荷物という切り口だけでも、さまざまな対応方法があります。たとえば、入口でコートなどを預かり、お帰りの際にただコートを返すのではなく、お客様が袖を通すのを手伝ってくれるお店。先ほどの例のように、カゴを用意して、お客様が自由に荷物を置けるようにしているお店。さらには、空いているイスに荷物を置くよう案内したうえで、タレなどが飛ばないようにカバーをしてくれるお店もあります。

なにをもって高級店と考えるかは人それぞれですが、優良店とよべるお店は、お客様からいただく金額の範囲で、**限界までサービス力を高めています。**１万円いただいて10円分のサービスしか提供しなければ、多くのお客様は損をしたと考えるはずです。逆に、１０００円いただいて３０００円分のサービスを提供できれば、それだけでお客様は魅力を感じるでしょう。

わたしはある研修で、「荷物一つに対する気づきで、あなたの価値は高まります」

と話したことがあります。そして、荷物に配慮しなかった人に、なぜなにもしなかったのかと聞いてみました。すると、「お客様が自分でイスに置いたから」「お客様がなにもいわないからいいと思った」という答えが返ってきました。

しかし、この考え方は間違っています。お客様の80％は、不満があってもなにもいわずに去っていきます。**お客様がいわなければなにもしないというのでは、セルフサービスとなんら変わりはありません。**やはり人があいだに入るのであれば、できる限り目配り・気配り・心配りをしたいものです。

「イスに置いたからいい」ではなく、そこでフォローを入れられるようにしていきましょう。

お客様の荷物に気を配れるかどうかは、サービスの質をはかる一つのものさしになります。お客様だけを見るのではなく、その荷物にも敏感になり、どんな荷物か、どう扱えばよいのかを考えながら対応できるようになると、いまよりもさらに質の高いサービスを提供できるようになります。

POINT

23

なにげない一言に隠されたチャンスを察知する

お客様からの質問は、チャンスです。質問だけではなく、お客様の言葉はすべてチャンスと考えたほうがいいでしょう。

お客様と話をしていると、「これってどうやってつくるんですか?」とか、「これはなんですか?」といった質問がポツポツと出てくるものです。接客がうまい人は、このような質問をとても大切にします。「この素材はなんですか?」と聞かれたら、「これは〇〇です」と答えるだけで終わらせません。**一つの質問から、いろいろな会話につなげていきます。**

たとえば、商品の素材を聞かれた場合であれば、その商品の素材だけではなく、ほかにも珍しそうな素材の商品を出してきて、「こちらはもっと涼しくするために、麻でつくられているんですよ」などと話を広げていきます。素材のことを聞くのだから、このお客様にとっては素材がキーワードかもしれないと考えて話をするわけです。このように、**たった一つの質問のなかに、お客様の興味を引くヒントが隠されている**のです。

反対に、言葉の裏にあるお客様の気持ちを考えずに会話をしていると、思わぬ失敗をしてしまいます。ある靴屋でのことです。「この革靴、雨の日に履いたら、色が変わっちゃって……」とお客様が話したところ、あるスタッフが「それは靴がもったいないですよ。もっと大切に履いてください」と強い口調で答えたのです。

このスタッフは靴が好きで、靴を大切にすることはお客様のためにもなると思ったのでしょう。その気持ちはよくわかります。けれども、結果的にその言葉は、お客様の心情を害してしまいました。そのお客様は、ただ単に靴を買い替える理由がほしかったのです。それなのに、いきなり批判めいた言葉を投げかけられ、すっかり買う気が失せてしまったようでした。

似たような失敗例に、自分の考えを押しつける、あるいはお客様の考えを否定するというケースがあります。

約7年間もあるメーカーの車に乗っていたお客様が、車を買い替える時期がきて、ほかのメーカーへ話を聞きにいったときのことです。「7年ぐらい○○の車に乗っていたんだけど……」とお客様が話すと、担当者がすかさず「ああ、あそこですか？」と否定的な感じでいったのです。そして、「××は壊れませんでしたか？ △△は大丈夫でした？」などと続けたのです。このお客様は、その会話からこの担当者からは買わないと決めたといいます。

お客様がひいきにしているものや考え方を否定してはいけません。自分が気に入って使っていたものを否定されると、いい気持ちはしません。せっかく新しいものを買おうと思っていても、否定的なことをいわれたり、押しつけられたりすると、心が離れてしまうのです。

せっかくお客様が発してくれた言葉は、批判するのではなく、まずは受け止めてあげましょう。

悪い例ばかりを紹介しましたが、今度は成功例を見てみましょう。

かばん売場でのできごとです。ふらりと入店してきた30代後半の男性が、「いちばん壊れにくいかばんがほしいのですが」とスタッフにたずねました。

そのスタッフは、お客様の言葉から「とにかく丈夫なかばんがいいだろう」と考え、いくつか思いついたもののなかから、もっとも壊れにくいものを選びました。しかし、それは35万円もするかばんでした。

ところが、このお客様は「これがいちばん壊れにくいの？」と聞いた後に、「じゃあ、それにしよう」と即決し、「いやあ、よかった。時間のないなかで、すぐにいちばん壊れにくい商品を選んでくれたので、本当に助かったよ」といいました。

聞くと、その方は会社の経営者で、仕事先で急にかばんが壊れてしまい、困っていたそうです。忙しく時間がないため、とにかく「壊れないかばん」を必要としていました。そのキーワードをきちんと拾ったことで、短時間で高額な商品が売れたのです。


このように、お客様が発した言葉の背景には、さまざまな事情や思いがこめられています。それをいかにくみ取るかで、お客様の満足度は変わってきます。また、どんな言葉であっても、**否定や批判はせずに、いったん受け止めて、前向きな言葉で返すこと**も大切です。そこから、チャンスが生まれるのです。

POINT

24

相づちのバリエーションを増やす

接客じょうずは、聞きじょうずです。**接客がうまいといわれる人の多くは、聞き方にバリエーションがあります。**このため、相手は、無意識のうちに気分よく話を進めることができるのです。

一方、聞くのがへたな人は、お客様が話をしている途中でさえぎってしまったり、ずっと同じ調子でうなずくだけだったりします。このため、相手はテンポよく話すことができず、なんとなくものたりなさを感じてしまいます。

お客様がなかなかのって話をしてくれないという場合は、聞き方が単調になっていないかをたしかめてみましょう。単調な聞き方は、やる気がないと感じられることさえあります。

以前、新しいパソコンを買ったのに、１週間で動かなくなったと販売店に持ちこんできたお客様がいました。新品が壊れたということもあり、最初からかなり不機嫌な様子でした。スタッフがくわしく状況を聞いていたときのことです。突然、お客様が「おい、お前、聞いているのか！」と怒鳴りました。

それもそのはず。対応したスタッフは、話を聞きながら、ずっと「そうですか」「そうですか」とただ繰り返していたのです。同じ言葉をただ繰り返すだけでは、本気で話を聞いていないと思われても仕方ありません。あまりにも単調な返事に、そのお客様はどんどん感情をヒートアップさせてしまったのです。

この例のように、**単調な相づちを繰り返していると、やる気がない対応だと思われてしまうおそれがあります。**先ほどの事例で、「そうでしたか」「ええ」「なるほど」「申し訳ございません」などの言葉を使い分けていたら、おそらくそれだけでイメージは変わっていたことでしょう。

同じ対応であっても、聞き方一つで印象が大きく変わってきます。一生懸命やっているのに、うなずき方で不満を抱かせてしまうのは、もったいないことだと思います。

逆に、**うまいうなずき方は、接客を成功に導きます。**ある宝石店に、男性のお客様がやってきました。その方は、いろいろと身の上話をしながら、商品を選んでいました。それがかなりの長時間に及んだのですが、対応したスタッフはいやな顔一つせず、じょうずに聞き役に徹していました。

無言で力強くうなずいたかと思うと、「なるほど」とか「へぇ〜」などと声をあげます。また、話が盛りあがってくると、「そうなんですか！」と力強いいい方で反応します。そして、お客様が「〜がすごかったんだよ」というと、そのスタッフも「すごかったんですか」と、お客様の言葉をうまく繰り返しました。

約2時間ものあいだずっと話をしていたお客様は、「なんだかずいぶん話しちゃったな」と気分も上々の様子でした。そして、「それじゃあ、これとそれをお願い」といって、１００万円クラスの宝石を二つも注文してくれたのです。

その方は会社の経営者で、金額にはあまりこだわらず、そのときの気分で商品を選んでいたようです。そのお客様のいい気分を引き出していたのが、絶妙な相づちだったわけです。

じょうずな相づちというのは、**少し意識するだけで、だれにでも実行できる**ものです。バリエーションを増やすには多少練習や経験が必要かもしれませんが、一度コツをつかんでしまえばしめたものです。

協力してもらえる人がいるのであれば、自分の相づちがわざとらしくなっていないか、単調になっていないかなどをチェックしてもらうといいでしょう。さらに、ビデオに録画して自分の相づちを研究すると、第三者的な視点から見ることができます。

相づちのバリエーションがどれだけあるかで、あなたのイメージや評価が変わってきます。そうなると、たかが相づちと軽視してはいられませんね。心から反応を示すことは当然ですが、その時々の会話に合った相づちを打てると、さらに好印象を与えることができます。

相手の心をつかむためにも、相づちについて、いままでよりもう少し深く考えてみてください。

相づちがスムーズになるにつれて、お客様がもっと話をしてくれるようになるはずです。

POINT

25

ささいな一言を添える

サービスの質を左右するほんの少しの差というのは、商品を手渡すときにも表れてきます。**なにも考えずに商品を手渡すのか、それとも一言添えて手渡すのか**というのがその差です。

なかには、商品を買ってもらえばそれで完了と思ってしまう人がいます。お客様が「これ、ください」といった瞬間は笑顔なのですが、それ以降急に事務的になってしまう人です。これでは、ほしい商品があるから来店するというお客様はいても、「あなたがこのお店にいるからきたんだ」といってくれるお客様はいないでしょう。

商品の渡し方にもいろいろなパターンがあります。レジで渡す場合もあれば、お店の出口付近までお見送りしながら渡す場合もあるでしょう。共通しているのは、最後に商品をお客様に手渡すということです。このときに、ほんの一言でいいので、気持ちを添えて渡してみましょう。

「またお越しくださいね」と、軽いタッチで話しかけてもいいでしょう。はじめてのお客様で、まだそれほど会話をしていないのであれば、心をこめて「ありがとうございました」と笑顔であいさつするだけでも十分です。**商品を渡すときに一言添えるだけという、とても単純なことです。**

このような話をすると、「弊社には、なかなかそのような一言を添える機会がないのですよ」といわれることがあります。たしかに声かけが難しい特殊なケースもあります。しかし、少し考えて工夫することで、ほとんどの場合になにか一言添えることができます。

たとえば、書店ではどのような一言が添えられるでしょうか？　レジでお客様が何冊もの本を買ったとしましょう。そのときに、いつもと同じ「ありがとうございました」以外の言葉がなにかないでしょうか？　お客様が何冊も買っているのであれば、「重たいので、お気をつけください」といった一言を添えられるはずです。

ある雑貨店で、両手に持ちきれないほどの商品をレジに持ってきたお客様がいました。プレゼント用にしてほしいとのことです。担当者は、商品を包装した後、いつも通り袋に入れて「ありがとうございました」と手渡しました。

こういう場合には、たとえば「今日はお車ですか？　もしよろしければ、こちらの商品をお送りすることもできますが、いかがいたしますか？」などの一言が添えられますね。あるいは、人手がたりているのであれば、「駐車場までお運びしますね」といって、商品を運んであげることだってできるかもしれません。こうしたことは、家具や家電製品を扱うお店などでは実際に行われていることです。

また、雨が降っていると、紙袋にビニールのカバーをかけることがありますね。これなども、黙々と作業をして、「ありがとうございました」としかいわずに手渡すのは、もったいないなと思います。

おもしろいことに、「（雨なので）カバーをかけておきますね」という一言があるだけで、お客様の印象がぐっとよくなるからです。同じサービスをしていても、一言があるかないかで、お客様の受け止め方が大きく変わってくるのです。

商品を手渡す物販の場合だけではなく、サービス業でも一言添えることができます。なかでも、お会計のときにどんな一言を添えるかが、お客様との大切な接点となります。

また、商品やお金のやりとりがあるかどうかにかかわらず、**お客様との接点でちょっとした一言を投げかける**のも効果的です。

以前、ビジネスホテルに泊まったときに、「本日、外は雨のようですので、お気をつけて行ってらっしゃいませ」といわれたことがあります。これも「外は雨のようですので」という一言があるのとないのとでは、まったく印象が変わってきます。

このように、商品の販売であれ、サービスの提供であれ、一言声をかけることはとても大切です。

すごく特別なことをいう必要はありません。本当にささいな言葉をかけるだけで大丈夫です。そのささいな一言が、お客様の心に残るのです。

第4章

提案じょうずになろう

POINT

26

気づいたことはすぐにメモする

実践することは、最大の勉強になります。また、現場にいるからこそ気がつくこともたくさんあります。しかし、せっかくの気づきをその場だけで終わらせてしまう人が多いのは、とても残念なことです。

大切なのは、ちょっとした気づきを記憶にとどめておくために、メモをとることです。乱雑でもいいから、**キーワードだけをさっと書いておくのがポイントです。**お客様の前では書きにくいというのであれば、レジ周りなどでサッとメモをとるようにしましょう。

また、あまりたくさんのことを記入してしまうと、焦点がぼやけてしまいます。気づいたことをキーワードで書きとめることをメインにし、余力があれば、そのほかの情報を記入するようにしましょう。

なぜわざわざメモをとる必要があるのでしょうか？　それは、なにか気づいたり感じたりしたことがあっても、わたしたちは半日もするとそれをすっかり忘れてしまうものだからです。だからこそ、**常に小さなメモ帳を持ち歩き、気づいたことはすぐに記録していきましょう。**

１時間に一つ書いたとすれば、７時間で七つの気づきを書き残すことができます。１ヵ月もすれば、２００個以上の気づきがたまっていきます。これを続けている人とそうでない人とでは、大きな差がつくことになります。

現場でメモをとることには、もう一つのメリットがあります。それは、現場で起きていることを感じ取る力が強くなるということです。常に気づきをメモすることで、現場での変化やお客様の言動に対し、いままで以上に敏感になるのです。

どのようなことをメモするかに、決まりはありません。**あなたが感じたことを、そのまま書いてください。**文章にしようとするとなかなか続かないので、殴り書きでかまいません。

ある美容室のスタッフの話です。その美容師さんは、お客様の顔はだいたい覚えていても、前回なにを話したかまでは覚えきれないといいます。そのため、さも覚えているかのように話を聞いていたそうです。

そこではじめたのが、現場メモです。メモを用意して、お客様とのこまかな接点を記録するようにしました。アシスタントにシャンプーをまかせて次の行動に移るあいまや、お客様が帰るときにレジで簡単なメモをとるようにしたのです。

このようなメモを3ヵ月ほど続けることで、お客様が来店したときのヒントになるだけでなく、自分自身のスキルについての気づきも蓄積され、レベルアップをはかることができたといいます。

その結果、このスタッフへの指名（リピート）はぐっと増えたそうです。

では、メモ帳はどんなものを使うのがいいのでしょうか？　それは、**コンパクトなものであればなんでもかまいません。** 手のひらにのる程度のものでもけっこうですし、A４の紙を折りたたんで利用してもいいでしょう。

重要なのは、なにを使うかではなく、なにをどのようにメモしていくかなのです。メモをとることが大事とはいえ、混雑しているときにメモをとるのに時間がかかるようではいけません。

ただし、携帯電話やスマートフォンのメモ機能を利用するのはやめたほうがよいでしょう。お客様の前で携帯電話を取り出すと、たとえそれが仕事のメモだとしても、ふまじめに見えてしまいます。あくまでも仕事上の書類をチェックしているかのようにメモをとるのです。

どうしても現場で書くのが難しいようなら、トイレに行ったときや、休憩時間にまとめて記録するようにしましょう。

そして最後に、**メモは書きっぱなしにはしないことです。** 書きとめたことを一定期間ごとにまとめたり、見直したりすることで、メモの効果はさらに高まります。

POINT

27

商品知識をマイノートにまとめる

わたしが出会ってきたサービスの達人たちは、「マイノート」を用意していました。マイノートというのは、**商品についての情報がぎっしりと詰めこまれたノートです。**しかもそれは、会社から与えられた情報ではなく、自分で調べたり聞いたりしたことをまとめたものです。

わたしはこのようなノートを「商品豆知識ノート」とよんでいます。このノートには、メリットが三つあります。

一つは、人に見せるだけで感心してもらえるという点です。相手をびっくりさせることで、興味を引くことができるのです。

二つ目のメリットは、お客様からの信頼を増幅させることができる点です。「これだけの情報をノートに書いているのだから、この人のいうことには間違いはないはずだ」と思ってもらえるのです。1冊のノートが、信頼と信用をよび寄せてくれるわけです。

三つ目のメリットは、そのノートの内容をお客様に見せることで、商品に対する理解を深めてもらえるということです。このノートがそのまま、商品を提案するための道具になるのです。

具体例を紹介しましょう。宝石店で働く売上ナンバー1の女性社員の秘密は、この商品豆知識ノートにありました。彼女は、最初は社内から情報を集めていたのですが、知りたい情報があまりなかったため、自分で商品について調べることにしました。そして、徐々に自分なりの商品大全のようなものをつくっていったのです。

A4の大学ノートに、商品名や名前の由来、特徴、原産国、商品データなどを、3色のボールペンを使って、**お客様が見てもすぐにわかるようにまとめていました。**

お客様が商品に興味を持ったら、現物を見せながら、豆知識ノートを使って詳細を伝えます。その結果、口頭で説明していたときの約3倍も売れるようになりました。

これだけ調べているのだから、この人が提案する商品は大丈夫だろうと、お客様が安心感を持ったのかもしれません。あるいは、手づくりの情報が、お客様の興味を引いたのかもしれません。

商品豆知識ノートには、**扱う商品に関するものであれば、どのようなことを書いてもかまいません。**素材についてでもいいですし、食べ方や活用方法でもいいでしょう。目的は、商品についての理解を深め、お客様の興味を喚起できるようになることにあります。

見ていて感心したのは、商品の絵も一緒に描き、一目で商品イメージがわくようになっているものです。絵や写真を使うととてもユニークなものになり、見ていて飽きません。このあたりは、自分で自由に工夫してみてください。

ときどき、商品豆知識ノートをつくるだけで満足してしまい、サービスに生かせていない人が見受けられます。ノートづくりに凝りすぎてしまい、膨大なマニュアルのようになってしまうケースなどがそうです。

商品豆知識ノートには、やはり**すぐに使える豆知識をしっかりと入れておきましょう。**

商品豆知識ノートは、見やすく、わかりやすく、調べやすくつくることが理想的です。お客様がそのノートを見て驚いてくれるような内容になっていれば、それは大成功といえるでしょう。

一気につくりあげようと思うと負担になってしまうので、**毎日少しずつ情報を加えていきましょう。**最初から完璧を目指すのではなく、気軽に書きためていくのがコツです。

あなたの仕事が商品を売ることであっても、なんらかのサービスを提供することであっても、基本は変わりません。「仕事に役立つ豆知識」という形でつくりあげることで、さらに可能性を広げることができます。

POINT

28 ストーリーノートをつくる

春になると、新しく入社した人たちがお店の現場に立つようになります。仕事柄、わたしもたくさんの新人スタッフを見てきました。彼らを見ているうちに、不慣れなスタッフにたりないものがわかってきました。それは、ストーリーの組み立てです。

ストーリーというのは、お客様が来店してから帰るまでのひと通りの対応の流れのことです。不慣れなスタッフの場合、このストーリーが定まっておらず、それがお客様にも伝わってしまうのです。

これとは逆に、**優秀なスタッフには、あるガッチリとしたストーリーがあります。**お客様が入店してから帰るまでの対応方法が、一つのデータベースとしてできあがっているのです。

これはつまり、新人であっても、ストーリーをしっかりと組み立てられれば、ワンランク上のサービスを提供できるということです。接客ストーリーができあがっていると、「おっ、この人は慣れているな」「信頼できるな」と思われます。

わたしは、**自分なりの「ストーリーノート」をつくることをおすすめしています。**

ストーリーノートを作成するためには、まずは一つ、自分のやっている作業の流れを書き出してみましょう。お客様の動きと自分の動きを思い出しながら、どんな作業が必要なのかをノートにまとめていきます。最初はただ思いついたことを書くだけで大丈夫です。

1冊のストーリーノートをつくり、それに日々修正を加えることで精度を上げていくことができます。毎日の研修や実践のなかから、自分の動き方や声かけのタイミングなど、接客の流れをこまかく追加してみてください。

ストーリーノートをつくることで、ほかの人よりもはやく自分の接客スタイルを確立することができます。また、日々更新していくことで、あなた自身も日々成長することになります。

家電量販店で働く新人のAさんも、このストーリーノートで成長した一人です。彼女は経験も知識も少なく、接客の流れを確立できていませんでした。お客様に対応するとき、次にどうするべきか、その次へどうつなげていくのかといった流れがまったくなかったのです。

そこで彼女は、ストーリーノートをつけることにしました。お客様の言動を左半分に、そのときに自分がすべき事柄を右半分に書き入れていきました。そうして、もっとも理想的なストーリーをつくりあげていったのです。

日々の接客で気づいたことは、どんどんこのノートに追加していきました。ストーリーから脱線してしまったときに、いかにストーリーに戻すのかという方法まで記載していました。3ヵ月も続けていると、このノートはかなり綿密なものになり、先輩スタッフも驚くほど充実した内容になっていました。

ストーリーノートをただ作成するだけでは効果が上がりません。**実際の接客を強力にサポートするツールとして、どんどん試してみる**ことが大切です。彼女は毎日のようにストーリーノートに書いたことを実行し、修正・追加していきました。

お客様も、彼女に聞けばすべてがスムーズに運ぶので、安心してまかせてくれるようになりました。その成果は、個人別の売上ランキングにもはっきりと表れていました。入社して半年で、社内トップになったのです。半年でこれだけの成長ができたのは、自分のなかに「型となる流れ」ができたからにほかなりません。

たった一つのストーリーでかまいません。ただし、それを日々更新していくことが大切です。その一つの型が地に足の着いたものになればなるほど、効果を発揮するようになります。

これは、新しい職場に移った人にはとくにおすすめの方法です。

難しいことはなにもありません。１冊のノートに自分なりのストーリーをつくる。入店してきたお客様と帰っていくお客様を思い描き、そこで自分ができることを考える。それは、投げかける言葉でも、とるべき動作でもかまいません。

自分が理想としている言動をどんどん追加していき、**自分なりの最高の接客ストーリーを描いてください。**

POINT

29

適度な販売を心がける

わたしは仕事柄、全国のあらゆる業種・業態のショップを歩き回る機会が、おそらくだれよりも多いのではないかと思います。全国のショップを毎日のように回っていると、スタッフの接客レベルが一瞬でわかってしまうようになります。

全国展開しているメンズアパレルショップを回ったときのことです。その会社は、毎月テーマを決めて、それに沿った販促に力を入れていました。わたしが調査を行ったときは、「コーディネート販売」の強化月間でした。

全国津々浦々を回ってみると、スタッフの対応がおおまかに次の三つのタイプに分かれることに気づきました。まずは、強化月間であるにもかかわらず、単品しかおすすめしていないスタッフです。こちらがわざわざ「このシャツに合うパンツって、どんなものですか？」と聞いても、「いえ、どれでも合いますよ」で終わってしまうのです。せっかくお客様が興味を示しているにもかかわらず、とてももったいない感じがしました。

二つ目と三つ目のタイプは、似ているようで、お客様に与える印象はまったく異なっていました。両方とも、コーディネートの提案ができているという点では同じでした。しかし、二つ目のタイプは、**ガツガツと売りこむあまり、信頼を失っていたのです。**

たとえば、「いまこれが売れているんですよ」「これは本当にかっこいいんです」などといいながらどんどん商品を並べ、試着をすすめます。そして、試着をすると、必ず「似合いますね」「すごくいいですよ」と、一方的に話し続けます。心のなかで「このお客様は買いそうだぞ」と思っているのが、透けて見えてしまっているのです。

提案の仕方も、そのお客様に合ったものを考えるというよりは、とりあえずコーディネートしてみたというレベルです。

三つ目のタイプもコーディネート提案をするのですが、先ほどのタイプと決定的に違うのは、**「適度な販売」を心がけていることです。**コーディネート強化月間だからといって無理に売ろうとはせず、お客様に似合うものだけを選んで提案しているのです。

もちろん、いくつかのパターンは提示しますが、お客様と会話をしながら絞りこんでいきます。自分が選んだものに自信を持って、お客様に喜ばれるコーディネートだけを提案しているのです。

そのため、なんでもかんでも売ろうとするのではなく、「これは次回でもいいと思います」と伝えることもあります。そして、よい商品については、「でも、これだけは今日お求めになるほうがいいと思いますよ」と、自信を持っておすすめしているのです。

さて、これら三タイプの売上順位は、どのようになると思いますか？　ご想像通り、「適度な販売」を心がけているタイプの売上がダントツで高くなっていました。お客様が信頼してくれて、リピーターになってくれるからです。

おもしろいことに、次に売上が高かったのは、単品しかおすすめしていないタイプでした。コーディネート提案はできていないのですが、お客様の要望に応じた販売をしているため、それなりにリピーターのお客様がついていたのでしょう。

そして、売る気満々のガツガツ組は、あまりうまくいっていないようでした。お客様のことを考えず、一方的に「この人には売れそうだ、売りたい」と考えていることが伝わってしまい、お客様が去ってしまったからでしょう。断りきれずに購入してしまうお客様もいるかもしれませんが、そういう方はもう二度と来店してはくれません。

「売る気」というのは、ほとんどのお客様に見透かされるものです。たとえそのお客様が買ったとしても、「買わされてしまった」という思いが強く、感謝はされないでしょう。

ですから、自分でも納得のいく自信のあるものだけを提案し、お客様の悩みや要望を解決してあげることが大切です。同じコーディネート販売でもこれだけの差がつくのだということを覚えておいてください。

POINT 30

ちょっとしたコツを披露する

ほかの人と同じように接客をしているのに、なぜかあまりお客様に評価されないと感じることはありませんか？　どうしてほかのスタッフばかりが評価されるのだろうと思うことはありませんか？

なかなか一概にはいえないのですが、お客様にちょっとした喜びを与えているかどうか、**お客様にちょっとしたコツを伝えているか**がポイントになっていることがけっこうあります。

もちろん、笑顔や言葉づかいといった基本的な部分がどれだけ徹底できているかに差がある場合もあります。しかし、案外盲点となっているのが、「コツを伝えているか」なのです。

コツを伝えましょうといわれると、なにか特別な知識がないといけないように感じるかもしれません。

しかし、そう難しく考える必要はありません。たとえば、着こなしのコツ、簡単に料理をつくるコツ、魚を見分けるコツなどでだいじょうぶ。**ちょっとしたアドバイスや裏話と考えてもいいでしょう。**

こういったことを、お客様に強制するのではなく、「こんな方法もありますよ」というスタンスで伝えてみましょう。そうするとお客様は、「おや、この人はくわしそうだな」「ちょっと得した気分」「おもしろい！」などと感じてくれます。その結果、あなたへの見方も変わってくるのです。

たとえば、ふつうは醤油だけをかける料理があるとします。そこへ、「レモンを2、3滴たすと、とてもおいしくなりますよ。もしよかったらお試しください」と伝えるのです。

こうしたコツを伝えるには、**ふだんからのネタ集めが重要になります。**本や雑誌を読めば、なんらかの情報をえられるでしょう。ただし、だれでも知っているようなことではおもしろくありません。あなたに出会わなければ知ることはなかっただろうというような情報を集めていきましょう。

ここでのポイントは、独りよがりなアドバイスではダメだということです。流行をとらえたコツや、多くの人が楽しめるようなコツが喜ばれます。一部のマニアの人たちだけしか楽しめないような情報や、お客様になにかを強制するようなコツでは、お客様は離れていってしまいます。

たとえば、「その食べ方ではダメです。そこにコショウを入れてください」などと決めつけるようないい方では、お客様を感心させることはできません。むしろ、「この店員さんは押しつけがましいな」「なんとなくおもしろくないな」というマイナスの感情を抱かせてしまうことになります。

お客様からもっとも感謝されるのは、**商品やサービスについての新しい発見がある**

ような情報です。お客様が知らないおもしろ情報やお得情報は、まず間違いなく喜ばれます。

以前こんなことがありました。少し値段の高いデザイン家具があったのですが、そのデザインに興味を持ったお客様にスタッフが、「実はこの家具は、有名人の○○さんも愛用しているんですよ。海外では、△△さんも使ってくれています」と話しました。すると、お客様は「へぇ～、そうなんですか」と反応してくれました。

そこでさらに、なぜ有名人たちがこの家具を気に入ったのかを、商品の特徴と合わせて説明したところ、お客様は「えぇ～、そうなんだぁ」とますます興味を引かれた様子でした。

このように、ちょっとした裏話を伝えただけで、多くのお客様が熱心に商品の話を聞いてくれるようになります。当然売上もアップします。

商品にまつわるちょっとした話題でこれほど結果が変わるというのは、わたしにとっても驚きの発見でした。

POINT

31 会話の引き出しを3倍にする

あるとき、雑貨や食器を扱う小売店を経営する会社の本部の方から、東北エリアの店舗がどうも元気がないという相談を受けました。たしかに、売上の前年比や利益率などが、低く推移していました。

東北という立地がこうした結果を生み出しているのではないかと考える人もいましたが、くわしく見てみると、立地に関係なく元気なお店もありました。わたしはここに注目しました。ここにヒントがあるはずだと考えたのです。

そこで、わたしは東北にあるお店を何十店舗か回り、接客を受けてみました。そして、元気なお店とそうではないお店の違いを実感することができました。

元気なお店は、知識と会話の量が他店とは桁違いだったのです。直営店なので、どの店舗も、施設や品ぞろえ、価格は同じです。**違いは、スタッフのみなさんの会話量でした。**

たとえば、ある商品について「この素材ってなんですか？」とたずねたとすると、ほかのお店は「〇〇です」で終わってしまいます。しかし、このお店の場合、その素材が希少価値の高いものであることや、有名人のだれそれも使っているといった情報まで教えてくれるのです。

しかも、**一つの質問に対して、三つの切り口で話をすることができる**のです！　これだけ異なる角度から話ができると、話が続かないということはまずありません。お客様としても、話しているだけでいろいろな情報を知ることができるので、買い物がとてもおもしろくなります。この点について店長に聞いてみると、会話の引き出しを増やすことについては、とても熱心に取り組んでいるようでした。

全店を見た後で、改めてチェックシートを見比べてみました。するとやはり、この元気な1店舗だけは、お客様とのコミュニケーションと商品知識のレベルが飛び抜けていました。

この店舗の売上が全国でもトップクラスであることを考えると、会話の引き出しの多さが売上に結びついていると考えざるをえません。

このお店の店長は、次のように話していました。

「お客様が質問をするということは、なんらかの興味があるからだと思っています。ですから、そこで答えられなかったり、そっ気ない回答をしたりすると、それだけでお客様は興味を失ってしまうのではないかと考えたのです」

そして、そう語った後で、彼は次のようなことを教えてくれました。

「実は最初は、このお店のスタッフも、質問されてもまったく答えられないことがありました。これではダメだよねということで話し合っていくうちに、毎日一つでもいいから知識を蓄えていこうということになったのです。これが、朝礼やスタッフミーティングのときに、みんなで知識を共有することにつながりました」

つまり、このお店では、**スタッフ全員が意識的に知識を増やしていく**ことで、お客様から質問されても即座に答えられるようになっていったのです。会話の引き出しが一つから二つ、二つから三つに増えていくことで、スタッフ自身もその効果を実感するようになったと店長は付け加えました。

このように、会話の引き出しを３倍にすることができると、さまざまな角度から話をすることができるようになります。ある話にお客様が興味を示さなければ、別の話をすることができます。しかし、引き出しが一つしかないと、その時点で話が終わってしまいます。

このお店の例から、売上低迷の要因は決して立地だけではないことがわかりました。そこで、この店舗をモデル店として、ここでの取り組みをほかの東北エリアへと波及させていくことにしました。徐々に効果が上がり、本部の人たちから元気がないといわれていた東北エリアのうち３店舗が、全国売上ランキングのベスト10に入るまでになりました。また、東北エリア全体の売上も、全国平均レベルに戻りました。

会話の引き出しが増えると、お客様とのコミュニケーションが円滑になります。それがお客様の信頼をえることにつながり、自然と結果もついてくるのです。

POINT

32

三つの提案を用意しておく

自動車ディーラーの覆面調査を行ったときのことです。競合も含め、いくつかのディーラーを回りながら、何人もの営業スタッフと話をしていきました。最初は新鮮なのですが、そのうち、セールスのパターンがわかってきてしまいます。とはいえ、お客様のふりをして調査をするのが仕事なので、はじめて聞いたかのように関心を示して、相手の対応を見ていきます。

こうした調査では、あらかじめ一定の設定をつくっておくものです。たとえば、購入希望価格は300万~350万円で、小学生と中学生の子供がいる4人家族といった具合です。おもしろいことに、せっかく設定をつくっているにもかかわらずそれを聞き出そうともしないスタッフもいれば、**すべてをしっかりと聞き出してしまうス**タッフもいます。

多くの営業スタッフは、会話を交わしながら、徐々に車種を絞りこんでいきます。そして、お客様が興味を持った車について、パンフレットで説明したり、試乗をうながしたり、値引き条件などを提示したりしていきます。

そんななか、スタッフの提案力が問われる場面がありました。お客様から聞いた内容をふまえて見積もりを作成していくのですが、提案力の低い営業スタッフは、すべてお客様まかせにしてしまうのです。

こんな様子では、スタッフは、単なる車のカタログでしかありません。店頭にパソコンを用意しておき、希望の車種と色を入力すると、「いま、この店舗でご契約いただいた場合は、31万円のお値引きが可能です」などと表示されるように設定してしまったほうがマシです。

一方で、車の**価値に気づかせてくれる**営業スタッフもいます。お客様がどんな車を求めているのかを明らかにしたうえで、お客様のライフスタイルに合った車を、色、オプション、保険、毎月かかる費用、総額などとともに、わかりやすく提示してくれるのです。

しかも、**一つだけではなく、二つか三つの提案をしてくれます。**そして、A案、B案、C案それぞれのメリットとデメリットを話しながら、その車で実現可能なことを教えてくれるのです。このように具体的に提案されると、イメージだけで「この車がいいかな」と考えていた方も、数年間乗り続けることを考慮したうえでの選択が可能となります。

ただし、提案が多すぎるとお客様は迷ってしまいます。ですから、提案は三つまでだと考えましょう。要するに、お客様は、三つ以内の提案を求めているのです。すでに買いたい車が決まっている場合でも、具体的な提案によって、ますます本気で車の購入を検討してくれるようになります。

常に三つの提案ができていると、お客様からの信頼もぐっと上がります。一つだけだと押し売りをされているような気分になる方もいるのですが、三つのパターンを出してもらえると、多くのお客様は安心します。とくに、高額な商品になればなるほど、お客様はじっくりと検討したくなるものです。

では、どうすれば常に三つの提案ができるようになるでしょうか？

そのためには、**いろいろな角度から商品を見られるようになっておく**必要があります。お客様にとってどんなメリット・デメリットがあるかを考えることが第一歩です。

たとえば、30歳の未婚の男性であれば、近い将来結婚するかもしれません。数年以内に子供が生まれれば、大きな車が必要になるでしょう。そうすると、少し大きめの車、小さな子供にも安心な車を提案できます。一方、将来のことはわからないし、大きい車だと燃費が悪いという点を考慮して、ふつうの乗用車を提案することもできます。

こうした提案をＡ４の紙１枚程度にまとめて提示すれば、お客様に喜んでもらえるはずです。車の写真と購入した際のメリット・デメリットをわかりやすく書いておけば、比較もしやすくなります。目の前のお客様の視点からすべてを作成した提案なので、真剣に検討してもらえるはずです。

三つのパターンで提案を出すことで、説得力と安心感を高めることができます。いつでも、自信を持ってすすめられる提案を三つ用意しましょう。

POINT

33 自分のおすすめ商品を紹介する

先ほどは提案を三つ用意しておきましょうといいましたが、似たような商品がたくさんある場合は、**「これがおすすめ！」というイチ押し商品を提案する**ほうが喜ばれます。

店頭で実際の商品を比較・検討したうえで購入したいという方がどれを買おうか迷っているとき、ズバリ「これがいいです」とアドバイスされると、スタッフへの信頼感が高まります。

「押しつけられていると思われるのでは……」と心配する人もいるかもしれませんが、押しつけとおすすめの提案には大きな違いがあります。前者が「売り手」としての立場から商品を提案しているのに対し、後者は「買い手」の立場から提案しているのです。

お客様を説得しようとすると、お客様は押しつけられたと感じます。「この商品は○○が非常に優れていて……」と一方的に話を進めても、その性能がお客様の求めるものであるとは限りません。

お客様が信頼するのは、お客様の希望をしっかり聞き取ったうえで、それにぴったり合った商品を一生懸命探し出してくれる人です。ここが、強引な販売者となぜか信頼される販売者の大きな違いです。

信頼されるためには、**本当によい一品をズバリ提示する必要があります。**そのためには、常に高い意識を持って、その他たくさんの商品を差し置いてその一品がおすすめである理由を、きちんといえるようになっておく必要があります。

また、そのような一品を提案するためには、「これが絶対におすすめ」という商品を、いつも把握していなくてはいけません。商品そのものについて自信があり、心から最高だといえるものを、お客様の要望をしっかりと考慮して、お客様のメリットをふまえて提案するのです。

「これだ」という商品をすすめることで一目置かれているお店があります。二例紹介しましょう。

一つは時計の販売店で、ここではそれぞれのスタッフがおすすめ商品を持っています。自分なりに新商品を研究して、最高だという商品を一つ決めているのです。

もちろん何人かのスタッフが同じ商品を選ぶこともありますが、それはそれで、その商品が優れていることを示すので問題ありません。その商品をおすすめに選んだ理由などを説明することで、お客様は納得してその商品を買っていきます。

もう一つは、家電量販店での取り組みです。大型の家電製品は、お客様によって検討する価格帯が異なるため、価格帯ごとにこれだというおすすめ商品を決めておくといいます。そして、「この価格帯であれば、間違いなくこちらの商品をおすすめします。なぜなら、この商品は三つの点でほかよりも優れているからです。一つ目は……」と、その商品が優れている理由も一緒に伝えます。

そうすると、お客様も「この人は、ただ単に売ろうとしていっているわけではなさそうだな。本当にこの商品がよいのかもしれない」と感じてくれるのです。

この二つの例に共通しているのは、どちらも**しっかりとプロの目線で比較・検討を行い、そのうえで「これだ」という商品を選んでいる**という点です。だからこそ、スタッフもズバリとおすすめする自信が持てるわけです。

よくあることなのですが、どれを買おうかと迷いに迷った末、「どちらがいいと思いますか？」と質問すると、「それはお客様が決めることなので……」といって答えてくれない人がいます。「そうですね〜」といったまま黙ってしまう人もいます。

このような人たちは、責任をとりたくないという心理からあいまいな回答をしてしまっているのかもしれませんが、商品やサービスについてあまり熱心に考えていないというのも、その一因です。

あなたがどれぐらい商品のことを知っていて、どうしてそれをすすめるのかということは、お客様にはすぐにわかってしまいます。あなたが本当におすすめしたいと思っているかどうかが、強引なすすめ方になってしまうかどうかを決めているのです。

第5章

ピンチをチャンスに変えていこう

POINT

34 お客様の意見を積極的に集める

ランチタイムが落ち着いた午後3時ごろ、あるイタリア料理店で食事をしていると、隣の席の6人できていた方々がおおいに盛りあがっていました。そのなかの一人が、大きな声で「いつも思うんだけど、ここのメニューってわかりにくいよね」といい出しました。すると、ほかの人たちも一斉に「そうだね」とか「そうそう、わたしも思ってた」といいはじめました。かといって、お店の人に直接伝えるわけではありません。

あなたも似たような経験がありませんか？　ほとんどの人は、なにか不満に感じたことがあっても、わざわざそれをお店の人に伝えようとは思いません。また、伝えたいと思ったとしても、なかなかその機会がありません。

こうしたお客様の意見は、お店にとっては非常に重要な財産となるのですが、お客様はわざわざ忘れないようにメモしてお店側に伝えたりはしません。

また、お店側でも、できることなら悪い情報には耳をふさぎたいという思いからか、お客様からの声を聞く仕組みをつくっていないケースがほとんどです。しかし、積極的に聞く姿勢を持ち、それをどんどん活用していくことで、お店全体が活性化していきます。

ですから、**いつも、「なにか感じたことがあったら、どんなことでも教えてください」という姿勢でいましょう。**ただし、姿勢だけではなかなかお客様に伝わらないので、いくつかの仕掛けを用意しておくとなおよいでしょう。

たとえば、名刺にご意見専用メールアドレスを記載したり、ホームページに感想を集めるフォームを用意したりする。アンケートハガキをつくったり、携帯電話やスマートフォンから手軽に意見を送れるフォームを作成してもいいでしょう。

どのような方法であっても、いかに簡単に、率直な意見を伝えてもらえるかが重要になってきます。立派な仕組みを用意して「ご意見をお聞かせください」とよびかけても、めんどうな手続きが必要だと、ほとんど意見は集まりません。

ある回転寿司店での事例です。このお店は、お客様の不満を積極的に聞いていくことで自店の問題を探り、レベルアップをはかろうと考えていました。そこで、お店のウェブサイトに、お客様が意見を書きこむためのフォームを用意しておきました。

お店側は、これだけでお客様が声を寄せてくれるだろうと思ったようです。しかし、3ヵ月ほどしてから、「本多さん、なかなか意見が集まらないので、ご協力いただけませんか」と頼まれることになりました。

少し考えてみれば、お客様の声が集まらないのは当然のことです。回転寿司店のウェブサイトにくるお客様の多くは、お店の場所やメニュー、それにクーポンなどをチェックするためにサイトを訪れます。つまり、ほとんどが来店前のお客様なのです。しかも、お店でなんの告知もしていなかったため、来店したお客様には、フォームが設置されていることがまったく伝わっていませんでした。

そのため、**来店したお客様が気軽に意見をいえる仕組み**をつくるところからはじめました。まずは、お店の会員に対して、メールアンケートを定期的に実施するようにしました。また、月に1回、社内で「声の収集日」を決めて、来店したお客様に紙ベースでのアンケートを実施するようにしました。会計時に10％引きになるという特典をつけたので、ほとんどのお客様が協力してくれました。

このように**情報収集する仕組み**をつくったことで、かなりの数の意見が上がってくるようになりました。そして、集められた意見のなかから実現できるものとできないものをわけ、できるものについては対応策を、できないものについてはその理由を、店内に掲示するようにしました。

「不満」を聞くことに抵抗があるのであれば、「要望」を聞くというスタンスでもいいでしょう。このような仕組みづくりは、現場のだれかが声をあげなければなかなか実現しません。

会社がやるべきことと考えるのではなく、あなたがその必要性を発信していくことから、すべてがはじまります。

POINT

35 お客様との「ズレ」に敏感になる

どこの業界にも「接客のスペシャリスト」といわれる人がいます。あなたの周りにも「この人、すごいな」という人がいませんか？　そのような人たちは、努力もしているし、経験も豊富な人たちです。そんな彼らに共通しているのが、**ズレに敏感であること**です。つまり、お客様の感じていることと、提供する側の気持ちのズレを見抜くのがじょうずなのです。売り手側と買い手側のズレを感じ取るのがうまいので、そのズレを修正するように対応できるというわけです。

商品を陳列するときに、見やすい場所よりも、置くのが楽な場所を選んでしまうことはありませんか？　とくに、重たい商品の場合、倉庫から持ってくるのがたいへんなので、できるだけ楽な場所に置いたり、並べる数を少なくしたりしてしまいがちです。しかし、お客様には、そのようなたいへんさは関係ありません。ただ単に、「なんだか見にくいな」「もっと種類があればいいのに」と感じるだけです。

「ちょっと暑いな」と多くのお客様が感じているにもかかわらず、エアコンのスイッチを切っているケースもよくあります。しかも、その理由は「コスト削減」。環境保護のためというのであれば、まだ理解できますし、そういうポリシーがあれば賛同してくれるお客様もいるでしょう。あるいは、商品価格がずば抜けて安いといった大きなメリットがあればよいかもしれません。でも実際は、ポリシーがあるわけでも、メリットを提供するわけでもなく、ただ単にコスト削減のためだけにエアコンを切るというお店がよく見られます。

このように、**売り手側の考え方と、お客様の感じ方のあいだには、たくさんのズレが生じます。**質の高いサービスができる人は、この、売り手と買い手のギャップにいちはやく気づくことができます。そして、それを改善するための対策をすぐに打っているのです。

たとえば、「お客様はいろいろな種類の商品を見たいのだから、たいへんだけど、もっと陳列する種類を増やそう」と考えて実行したり、「ただやみくもにコストを削減するのは間違っている。お客様に直接影響しない部分でコストを削減しよう」と考え、エアコンを切るのは事務所だけにしたりするのです。

一目置かれる存在になっていく人は、お客様とのあいだにどんなズレがあり、**どうすればそれを改善できるのか**を、常に自問自答しています。

みなさんが一般の客としてお店に入ったとき、いろいろな意見や不満があるはずです。しかしそれが、売る側に立ったとたん、「ふつうのお客様が感じる視点」を失ってしまいがちです。ですから、常に「もう一人の自分」「お客様としての自分」を意識しましょう。

視点を変えると、これまで気づかなかったいろいろなものが見えてくるはずです。

売り手でもあるあなたは「そうはいっても、スペースの問題もあるし、人手も少ないし、新人ばかりだし……」とできない理由を探し出してしまうかもしれません。それでもかまいません。ただ、そこで終わってしまってはいけません。
「それなら、どうすればよいだろうか」と、さらに追究してみてください。すると、新しい解決方法が見えてくるはずです。

このように、買い手と売り手の両方の立場から物事を考えてみて、どうすれば「客としての自分」が満足するのかを練っていきましょう。

とはいうものの、自分が働いているお店では、どうしても「一般の客としての自分」をイメージしにくいものです。そういうときは、家族や友人に聞くなどして、周りから意見を集めてみましょう。率直にいってくれる身近な人に意見を求め、それを「一般のお客様の声」として参考にするのです。

「ズレ」の解消は、そう簡単にできることではないかもしれません。けれども、「売り手の自分」と「一般の客としての自分」を意識し、その**「ズレ」に目を向けてみるだけでも、さまざまな発見があるはずです。**

POINT

36

小さなゴミを見すごさない

「ブロークン・ウィンドウ理論」という言葉を知っていますか?

この理論は、スタンフォード大学のフィリップ・ジンバルド教授が、ある実験によって証明したものです。それは、ふつうの車とフロントガラスの割れた車を住宅街に放置するという実験でした。それから1週間後、ふつうの車にはなんら変化がなかったのですが、フロントガラスの割れた車はほかのガラスも次々と割られ、金目の部品がほとんど盗まれていました。

つまりこれは、「小さな犯罪を見すごしていると、やがてそれが連鎖していき、大きな犯罪につながりますよ」ということを教えてくれる、犯罪心理学の理論なのです。

なぜこのような理論を持ち出したのかというと、これが、お店の運営にもあてはまるものだからです。**よいお店と悪いお店の境目は、小さなゴミを見すごすかいないかにかかっています。**

きれいなお店では、小さなゴミが落ちていると、気がついたスタッフのだれかが必ずすぐに拾います。当たり前のことを、当たり前にやっているともいえます。

では、清掃が行き届いていないお店はどうでしょうか？　わたしが現場で調査したところ、「自分の担当の場所ではないから」「余裕がないから」「どうせ後で掃除をするので」というような理由で、ゴミをそのままにしている人が多数いたのです。

ゴミが落ちていても、なにかと理由をつけて見すごしていたわけです。これこそが、清掃が行き届かない原因なのです。ここから先は、ブロークン・ウィンドウ理論と同じ道をたどることになります。

興味深いことに、清掃面が徹底できているかどうかは、接客の質にも影響を与えます。「まあいいや」という気持ちは、接客の場面にも表れるのです。落ちているゴミを見すごす人は、接客面でも妥協をしてしまいます。そしてこれが、お客様の不満へとつながっていきます。

実際に、**清掃面でレベルが高いお店というのは、ほとんどの場合、接客面でもレベルが高いものです。**

例外があるとすれば、それは新人スタッフが多い場合です。やる気もあり、清掃も徹底していて、お客様を大切にする気持ちもおおいにある。ただ、その気持ちに接客技術が追いつかず、じょうずな接客ができていないというケースです。

しかしこの場合も、そういうモチベーションを保ったまま成長していくことができれば、清掃と接客という両輪がよい状態で回っていきます。

清掃面が徹底できていないお店を、急にきれいなお店にするのは難しいことです。というのも、そういうお店の「きれい」の基準は、間違っているからです。自分たちではきれいにしたつもりでも、実際は以前とあまり変わっていないということがよくあります。

きれいなお店の人が見ると、行き届いていない部分がすぐに目につきます。しかし、「きれいな状態」を知らない人には、そのポイントがよくわかりません。

このため、小さなゴミを見すごさないといっても、なかなかすぐには改善できないのです。

では、どうすればいいのでしょうか？

最初のうちは、たとえば1～2時はAさん、2～3時はBさんがこまかなゴミをチェックするというような取り決めをするとよいでしょう。**担当を決めて、自分がやらなければならないことにする**ことで、スタッフ全員の意識を高めるのです。

そして、ある程度その日課ができるようになった段階で、徐々に自主的に行うようにうながすのです。

たった一つのゴミだと思って、見すごしていませんか？　それがお店のレベルを高めていくうえで、重要な判断基準になることを覚えておいてください。

POINT

37 緊急時のマニュアルをつくる

どんなにパーフェクトな仕事をしているつもりでも、予期せぬできごとというものがどうしても起こります。火事、地震、事件、事故、その他小さなトラブルの可能性は、絶対にゼロにはなりません。

こういうときこそ、マニュアルが重要になってきます。それも、薄っぺらなものではなく、分厚いマニュアルです。マニュアルというよりも、「手順書」といったほうが適切かもしれません。**トラブル対応には、ホップ・ステップ・ジャンプのこまかい手順書が必要なのです。**

もちろん、手順書がいらないくらいしっかりと訓練できているのがベストですが、スタッフ全員にそこまでのレベルを求めるのは難しいでしょう。そこで、入ったばかりの新人でも、いざというときはベテランと同じ程度の対応ができるような仕組みを用意しておきましょう。

以前あるお店で、お客様が転んで頭から血を流すという事故がありました。しかしこのお店では、こうしたイレギュラーな事態への対応までは訓練していませんでした。しかも、その日は店長が休みで、その場にいたのは慣れていない新人スタッフばかりでした。あまりの急なできごとに、スタッフはただオロオロするばかり。結局、ほかのお客様が救急車をよんでくれたのでした。

こういうときにこそ、ホップ・ステップ・ジャンプの手順書が求められます。なにかが起こったとき、お客様の安全と安心を確保するということはわかっていても、具体的になにをすればいいのかわからないという人がほとんどだからです。

とっさの事態でもすぐに該当箇所を探せるように、**マニュアルをケース別に分類し、見やすくしておくとなおよいでしょう。**

たとえば、お客様が店内でケガをした場合、マニュアルを見ると、「すぐに○○タクシー（重傷の場合は救急車）をよぶ→店長が付き添う→タクシー代は店長が払う→病院で診療が終わるまで待つ→落ち着いたら住所・氏名・連絡先を聞く」といった流れが記載されているわけです。このようなものがあると、スタッフたちも冷静に対処できますし、なによりもお客様を安心させることができます。

こういう話をすると、「マニュアル主義はよくない」というお叱りを受けることがあります。しかし、これはマニュアル主義とは違うものです。緊急時の対応といってもいろいろなケースが考えられますから、それらをすべて網羅してスタッフに教えこむことは不可能です。これは、あくまでも、**緊急事態に対応するもの**としての利用なのです。

このマニュアルは、どのようにしてつくったらよいのでしょうか？

まずはどのようなことでもいいので、考えられるトラブルや緊急事態をすべて書き出しましょう。これらは、ミーティングなどで出し合ってもかまいません。インターネットや書籍を使って調べてみるというのも一つの方法です。

こうして出てきたトラブル一つひとつについて、スタッフみんなで意見を出し合いながら、対応手順を考えていきます。それを見ればすぐに行動できるというくらい、具体的な内容にすることが重要です。

また、**いかに見やすく、探しやすくするかを考えて作成することも重要です。**写真があればそれを使い、パッと見てわかるようにしましょう。

また、マニュアルとしてファイリングしたのと同じ内容のものを、パソコンにも保存しておきましょう。パソコンからだと検索しやすくなるので、非常に便利です。

緊急時にこそ、本当の意味でお店の実力が試されます。なにかあってからでは手遅れです。頻繁に起こることではないためスタッフの意識も薄くなりがちな部分ですが、お客様を感動させるサービスを提供したいと思うのであれば、こうしたまれなケースについても、しっかりと対応を考えておくことが必要です。

POINT

38

子供のアクシデントは安全第一

どんなお店であっても、**小さな子供がいるときには細心の注意を払いましょう。**両親がゆっくりと食事をしたり、店内を見て回ったりしているときでも、子供はチョロチョロと動き回るものです。

とくに気をつけなければいけないのは、子供の事故です。どんなに安全で安心な場所を目指していても、アクシデントは必ず起こります。そのときの対応次第で、お客様があなたに寄せる信頼が、大きく変わってきます。

まずは、できるだけアクシデントが起こらないようにすることが重要です。ここで大切なのは、**子供の目線から店内を見わたす**ことです。大人の目線と子供の目線では、見える景色がまったく違います。

たとえばコードなどの配線類。大人の目から見るとたいした出っ張りではなくても、子供にとってはけっこうな障害物になっていることがあります。

また、子供の興味を引くようなものが背伸びをすれば届くような場所にあると、子供は無理やり手を伸ばしてしまいます。そういう場所に重たい物や割れ物があると、落ちてきたときにたいへんなことになります。

あるお店でこんなことがありました。子供が売場の近くに置いてあった踏み台を持ってきて、高いところにあるおもちゃを自分でとろうとしたのです。その子は、もう少しで手が届きそうだと思ったのか、踏み台の上で背伸びをしました。そして、そのとたんにバランスを崩し、踏み台から落ちてしまったのです。その子は床に叩きつけられ、おもちゃが足の上に落ちてきました。

幸いなことに、その子は少しの打撲程度ですんだのですが、このように子供は、大人が考えもつかないような行動に出ることがあります。

すべてを事前に防ぐのはなかなか難しいと思いますが、**考えられる危険分子を、子供の目線で排除していく**ことが大切なのです。

では、アクシデントが起こってしまったらどうするべきなのでしょうか？

いちばんのポイントは、なによりもまず、**子供の安全を確保することです。**その後の対応は、安全確保をしてから考えましょう。

たとえば、コードが出っ張っていて、子供が足を引っかけて転んでしまったとします。こういうときは、真っ先に転んだ子供を起こして、「大丈夫？」と声をかけてあげましょう。出っ張っているコードを直すのは、その後です。

これは比較的わかりやすい例ですが、子供のことよりもその場の状況のほうに気をとられてしまうようなケースもあります。たとえば、テーブルの上に置いてあったお客様用のコップを、子供が落として割ってしまったという場合です。

こういうとき、割れたコップのほうが気になってしまうという人が案外多いものです。

しかし、まずはその子供に「ケガはない？」などと声をかけてあげましょう。そして、子供の安全をたしかめてから、落ちたコップの処理をするのです。

実は、本当に行き届いたサービスというのは、これで終わりではありません。最初の声かけとその場の片づけが終わったら、**最後にもう一度、フォローの言葉かけと安全確認をする**のです。

フォローの言葉とは、「大丈夫だよ」とか「心配ないからね」といった言葉です。わざとやったわけではなかったり、悪いことをしたと反省したりしている子供もいるので、そこを見きわめて「大丈夫だよ」とフォローしてあげましょう。

そして、もう一度その場を見わたして、問題がないことを確認します。ここまで徹底してこそ、ちゃんと安全確保ができたといえるのです。

どんな状況でも、相手のことをいちばんに考えながら冷静に対処する。

このことを常に心がけていれば、たとえアクシデントが起きても、それを信頼につなげていくことができるようになります。

POINT

39 クレームは起きてからが肝心

どんなに一生懸命やっていても、クレームが生じることがあります。本気で仕事に取り組んでいればいるほど、そのクレームにショックを受けることでしょう。しかし、どんなに一流のホテルであっても、どんなにサービスがいいといわれるお店であっても、クレームが存在しないということはありません。

しかし、**その後の対応には大きな差があります。**クレームが生じないように徹底することも大切ですが、起こってしまったときに、それをどう乗り越えていくのかということも、同じくらい大切なのです。

ここで重要となるのが「圧縮思考」という考え方です。これはわたしがつくった言葉ですが、クレームが生じたら、すべてを「圧縮」して考えていこうというものです。

内容の濃いことを、すばやく行うわけです。

たとえば、ふつうなら10日かかることを1日で対応してしまう。そしてそこに、いつも以上のサービスを詰めこみます。

クレーム時には、**無駄なことを省いて、スピードも内容も圧縮していく**ことが大切なのです。

ある雑貨販売会社でのことです。この会社はカタログ販売を行っていたのですが、あるときこのカタログを利用したお客様からクレームが入りました。もう1ヵ月も前に注文して入金もすませたのに、商品が届かないというのです。

電話に出た担当者が新入社員だったこともあり、対応の仕方がわからず、そのお客様を5分ものあいだ、電話口で待たせてしまいました。ほかの担当者が電話に出たときには、お客様はもうカンカンで、ひたすら謝るしかありませんでした。

電話を切った後、スタッフ同士で、どうしてこんなことが起こったのか、これからどうすべきかを話し合いました。

そこへちょうど、役員の方が別件で入ってきました。「どうした？　なにかあったのか？」と聞く役員に、担当者がすべてを話したところ、彼はこういいました。「いいかい。今回の件が起こったこと自体、この会社にあってはならないことだ。ただし、起こってしまった以上は、全力をあげてお客様の信頼を取り戻さないといけない。いま、わたしたちはその岐路に立っている。すぐに対応しよう」

そして、その場で担当者を指名して原因を解明するよう指示しました。同時に、注文された商品を持ってくるよう別のスタッフに命じて、彼自身は自分のスケジュールを調整しはじめました。

その後の対応は、驚くほどのすばやさと丁重さでした。その役員が自ら商品を持って注文のあった北海道まで行き、その日の夕方にはお客様のもとへお詫びをかねて訪れたのです。

すでに電話で「本日中に商品をお届けします」と伝えてはいたのですが、お客様もまさか会社の人が直接くるとは思ってもいなかったようです。さらにそれが役員だとわかると、不満足度よりも驚きのほうが大きくなっていきました。このようなすばやい対応によって、ようやくお客様の怒りもおさまったのでした。

後日、ミスの原因が明らかになりました。コールセンターで注文を受けたときに、担当者が住所を間違って入力していたのです。このため、商品が未着のままになっていました。ふつうは、この段階でお客様に連絡を入れるのですが、今回はさらに電話番号まで間違っていました。住所も電話番号も一致しなかったため、時間がかかってしまっていたのです。こうした原因と今後の対応についても、後日お客様にきちんと説明し、さらに納得していただくことができたそうです。

このように、クレーム対応では、**やるべきことをギュッと縮めて、パッとやる**という圧縮思考が必要なのです。ここでは、いつもとはまったく異なる考え方をすることになります。緊急時の対応なのですから、そこで**コストだとか、手間だとかを考えてはいけません。**

そして、その場の対応だけではなく、その後どう改善したのかをしっかりフォローしていくことも忘れないようにしましょう。

POINT

40

緩急をつけて対応する

忙しい時間帯にお店に行くと、ほとんどの店員さんに余裕がなく、「急がなければ」というオーラを全開にして接客している風景が見受けられます。この**忙しいモードは、お客様を遠ざけてしまう**ことがあります。お客様のなかには、「この人、忙しそうだな」と思うと、なにか質問したいことがあっても、「邪魔したら悪いから、いいや」と思って帰ってしまう人もいるからです。

あなたにも似たような経験はありませんか？　お店のスタッフが忙しそうにバタバタしていると、なんだか申し訳ない気持ちになって、聞きたいことがあっても、また今度にしようと思ったことはありませんか？

一方で、だらだらと仕事をされると、今度はイライラしてしまうものです。スタッフの動きが遅すぎても反感を招いてしまうのです。

スタッフがバタバタと動き回っている様子は、「活気があるお店」という印象をもたらす一方で、「自分のことを見てくれていない」「大切にされていない」「せかされている」といった印象を与える場合があります。

逆に、仕事をゆっくりとやっていると、「ていねい」という印象を与えることができるのですが、「やる気がない」「あまり仕事をしていない」などのマイナス感情を持たれることもあります。


重要なことは、**両方のメリットをうまく活用する**ことです。つまり、やるべきことはテキパキとこなし、お客様と接するときはゆっくりとていねいに対応しましょう。

このように動きに緩急をつけていくと、お客様からの信頼を高めることができます。

とくに、お客様からのクレームに対処する場合には、このメリハリがお客様の不満をやわらげ、印象を大きく好転させることになります。

あるホテルでのことです。客室からフロントに連絡があり、「ソフトドリンクが冷蔵庫に入っていない」とクレームが入りました。このお客様は、内線電話をかけたもののなかなかつながらず、少しイライラした様子です。担当者はていねいに謝った後、「すぐにお持ちいたします」といって、もう少しだけお待ちいただくようお願いしました。

それから大急ぎでソフトドリンク一式を用意し、少しでもはやく部屋に届けるために小走りになりながら、お客様の部屋へと急ぎました。そして、部屋の前にくると、彼はゆっくり1回深呼吸をして、身だしなみを整えたのです。それからドアをノックして、ゆったりとした動作でお客様の部屋に入っていきました。

電話を切ってからほとんど時間がたっていなかったため、お客様はそのすばやさに驚いたようでした。あわてて届けたという雰囲気もなく、イライラがおさまり、ホテル側の対応に満足してもらえたのです。

お客様から見えないところでは、バタバタと急いで行動する。そして、お客様の目の前では、ゆったりとかまえて余裕を見せる。このように**緩急をつけて行動するとい**

うのが、バランスのとれた方法です。

緩急のある動きができると、お客様の心もバランスがとれて、安心感が広がります。

「１階から客室までの距離がけっこうあるので……」と、見えないことをいい訳にしながらすばやい対応をさぼる人がいますが、これはとんでもない心得違いです。お客様から見えない部分だからこそ、お客様の都合に合わせる必要があるのです。

クレーム対応であれふだんの接客であれ、メリハリのある動きはお客様によい印象を与えます。あなたも今度お店に出たときには、忙しいから急ぎ、暇だからゆっくりするというのではなく、緩急をつけて動くということを意識してみてください。

お客様の前ではていねいさを重視したゆっくりとしたスタイルにして、見えない裏の部分ではできる限り急ぐのです。

そうすると、お客様からの見え方が変わってくるはずです。そして、あなたのことをプロフェッショナルな人だと思ってくれるでしょう。

POINT

41

いいと思ったことは続ける

よく「お客様は神様だ」といわれますが、**お客様が100%正しいとは限りません。**お客様が間違っていることもありますし、お客様とスタッフ両方のいい分が正しい場合もあります。

でも、自分たちが一生懸命やっていればいるほど、お客様の否定的な言葉が気になってしまうものです。とくに、それがクレームであれば、「自分たちのやっていることは間違っているのだろうか」と不安になってしまいます。

ある和菓子店で、こんなできごとがありました。何人かのお客様がいるところに、80歳以上と思われる女性が入ってきました。元気そうではありましたが、杖をついています。彼女はお店の奥のほうへ向かって歩いていきました。

しかし、奥に行く途中には段差があります。あるスタッフはそこが危険だと感じました。同じ場所で何度かつまずく人を見たことがあったため、転んではたいへんだと思った彼は、その女性に近寄りました。そして、段差に差しかかる手前で、「こちらに段差がありますので、お気をつけくださいね」といって、手を差し伸べました。

すると彼女は、「わたしは手を借りるほど弱っていないわよ。あなた、わたしが年をとっているからって、馬鹿にしているんでしょ！」と怒り出してしまったのです。そのスタッフは突然のことにびっくりして、声も出ませんでした。すぐに店長がかけ寄り、なんとかその場をおさめたのですが、その女性の怒りは相当なものでした。

しかし、いちばんショックを受けていたのは、そのスタッフでした。お客様の状況を見きわめたうえで、よかれと思ってやったことだったからです。それにもかかわらず怒鳴られてしまい、彼はすっかり落ちこんでしまいました。

また、これはお店としても考えさせられるできごとでした。なぜなら、助けが必要と思える場合は、できるだけサポートしていこうというのがお店の方針だったからです。

その気づかいがお客様に不満を感じさせてしまったことで、何人かのスタッフは「今後は、サポートしないほうがよいのではないか」とまでいい出しました。

自分たちがやっていることは正しいのか、間違っているのか。スタッフはみな、そのあいだで揺れ動いていたのです。

結局、結論が出ないまま、数日がたちました。ちょうどそのころ、ある別のお客様から、1通の手紙が届きました。それは、スタッフの方々がとてもていねいにサポートしてくれたおかげで、気持ちよく買い物ができたという内容の手紙でした。足が弱く、ふだんはなかなか一人で買い物へ行けなかったので、サポートしてもらって本当に助かったと書かれていました。

その手紙を見た店長は、やはりサポートが必要と見受けられるお客様には、積極的にお声かけをして手伝っていこうという指示を出しました。

こうしたことは、ほかでもよく見られます。あるドラッグストアでの事例です。そのお店には年配のお客様が多く、もっと見やすくなるようにと考えて、ＰＯＰや値札を大きくしました。するとあるとき、お客様の一人が「目障りだ」と不満を訴えてきたのです。これに動揺したスタッフたちは、表示方法を見直したほうがいいのか、悩んでしまいました。

これらの例のように、なにが正しくて、なにが間違っているのかがわからなくなることがあります。そんなときは、**一人の声だけではなく、全体の声に耳をかたむけてみましょう。**どちらの声が多いのかを、冷静に判断するのです。

わたしは、自分たちがやっていることが**よりよいサービスを提供するためのものであれば、それを続けるべき**だと考えています。お店をよくするためにはじめたことであれば、ささいなクレームで揺れ動かない力強さを持つべきです。

よいことをしたつもりでも、結果的には不評となってしまうこともあるでしょう。しかし、前向きに考えた末の対応だった場合は、心を惑わせる必要はありません。ときには、**クレームに負けない強さを持つことも大切です。**

第6章

チームワークを高めよう

POINT

42

みんなで方向性を共有する

あなたがほんの少しがんばれば、お店はいい方向へ動き出します。ですが、お店のスタッフみんなが少しずつがんばれば、その力はさらに大きなものになります。これが、チームワークの力です。

チームワークを存分に発揮するためには、**チームで共有できる「方向性」が必要です。**これは「目標」という明確なものでもいいし、「こんなお店にしたい」という夢でもだいじょうぶです。あるいは、「元気」という単純なテーマでもかまいません。

大切なのは、その方向性をスタッフ全員が受け止めて、共有していくことです。

チームが一つになって動いていくためには、**決めた方向性を毎日全員が意識する**ことがポイントとなります。

これは複数の店舗を展開する、ある地域書店での事例です。

定期的に行われる店長ミーティングでのことです。わたしが目標や目指すべきお店のイメージを持つことの重要性について話をしたところ、さっそく店長たちが、自分たちの書店についての話し合いをはじめました。

長時間にわたる話し合いのなかで、「本屋って、本だけを求めてお客様がくるよね」という話の流れになりました。

そのとき、一人の店長が「そういえば、本がよく売れる本屋はあっても、この人がいるから売れるという本屋は少ないよね。ほかの業界では、サービスに特色を出すことで、お客様がスタッフの接客やおもてなしを期待して足を運ぶお店もあるのに、書店ではそういうことがないよね」といい出したのです。

ほかの店長たちもうなずいたり、「その通りだよな」などといって、この意見に同調しはじめました。そして、話が進むにつれて、一つの方向性が決まりました。それは、「人の魅力で売れる書店をつくる」ということでした。

「人の魅力で売れる書店」というメッセージは、わたしもとても気に入りました。ただ、それをどのように浸透させるのかという点が、少々心配でした。

店長たちからは、いろいろなアイデアが出てきました。たとえば、「人の魅力で売れる書店」をテーマにした名刺サイズのクレドをつくって朝礼で活用する。各店舗での取り組み状況を発表する場を設けて、おたがいに学んで吸収する機会をつくっていくなどです。

こうして、「人の魅力で売れる書店」という目標のもとに、全店でさまざまな活動が生まれていきました。そして、スタッフ一人ひとりが、「どうしたら人の魅力で書店にきてもらえるだろうか」と考えるようになったのです。

この活動の一つに、店内の装飾を一新するというものもありました。書店には、販売促進用のポスターなどが貼られていることが多いのですが、このお店では、スタッフの人たちの思いを店内装飾で表現することにしたのです。お店で行っている各種サービス（本選びのアドバイス、検索サービス、プレゼントキャンペーンなど）も、店内演出によって目立たせることで、お客様に伝わりやすくなりました。

また、「書店は堅い場所」というイメージを軽減するために、名札をコミュニケーションツールとして活用することにしました。いままでは小さな名札に「石田」とか「斉藤」などと書いてあるだけだったのですが、そこにおすすめの本や得意分野などを書くようにしたのです。

急になにかが変わったというわけではないのですが、名札を見てくれるお客様は確実に増え、「名札、おもしろいね」といってくれるお客様も出てくるようになりました。

もっとも重要な接客の部分でも、あいさつや笑顔での接客を心がけるように徹底しました。いろいろな工夫をしても、最終的には人の魅力が高まらなければ、人の魅力で売れる書店にはなりません。

こうして、地域に根ざしたアットホームな書店を目指して、全スタッフが努力を重ねていきました。**チームが一丸となって同じ目標を共有していくことで、売上も伸びていきました。**

チームで目標を共有し続けることがいかに大切か、おわかりいただけたでしょうか？

POINT 43

お店独自のキャッチフレーズをつくる

チーム全体がよい動きをしてお客様から支持されるためには、「ほかとは違うな」と思わせることが重要です。別のいい方をすれば、**お店のウリを明確にする**ということです。

自分たちがどんなお店をつくっていきたいのかが明確になっていると、お客様も魅力を感じてくれます。チームメンバーも目指すべきものが一致するので、それが結果として、チーム力を高めることにもつながります。

一般的に、チェーン店はどこでも同じようなものだと思っていませんか？　そう思っているなら、それは、いつも同じお店に行っているか、限られた店舗しか見ていないからです。実際には、同じチェーン店であっても、それぞれの店舗で雲泥の差があります。

全国各地にある同一チェーン店を、何ヵ月にもわたって回ることがあります。そこでいつも疑問に感じるのは、なぜこれほどのばらつきが発生してしまうのかということです。

よい店舗を見つけたときには、なぜほかのお店と違うのかを考えていきます。その結果わかってきたのは、**レベルの高い店舗には、キャッチフレーズのようなもの、つまり「目指すべきキーワード」がある**ということでした。本人たちにはキャッチフレーズというほどの意識はなくても、「こんなお店にしよう」というイメージが明確なのです。

ある和食チェーン店の話です。そのチェーン店の一つに「徹底したおもてなし」をキーワードに店舗運営をしているお店がありました。このため、ほかの店舗ではやっていないようなサービスが随所に出てきていました。

たとえば、このチェーン全体の方針としては、お手ふきはテーブルの上に置くだけとなっているのですが、このお店では一人ひとりに手渡ししてくれます。また、来店したお客様のコートやバッグにも気を配り、コートを預かったり、バッグを置くカゴなどを持ってきてくれます。ほかの店舗ではきちんとできていないお水の差し替えも、かなりこまめに行っています。

つまり、このお店では、**本部が求めるマニュアル以上のサービスが行われていた**のです。それができたのは、「徹底したおもてなし」を最重要課題として、チームで共有していたからです。

最初のうちは、会議のときなどに、ほかの店舗のスタッフから、「なぜ、そこまで手間のかかることをやるの?」と笑われたりもしたそうです。しかし、店長もスタッフもそんな言葉には耳を貸さず、自分たちで決めた「徹底したおもてなし」を実現するために、一丸となってがんばっていきました。

こうした取り組みの結果リピーターが増え、都市部のお店ではないにもかかわらず、全国の売上ランキングでも上位に名を連ねるようになりました。

このように、自分たちのお店はどんなキーワードを持って運営しているのかが明確になっていると、目標を共有しやすくなります。朝礼でそのキーワードを使ったり、研修を行ったりすることで、チームとしての機能がパワーアップしていくのです。

この和食チェーン店の店長によれば、**あれもこれも教えるよりも、キーワードだけを繰り返すほうが効果があった**といいます。

あなたのお店には、キャッチフレーズがありますか？　どんなお店にしたいか、一言で表せますか？

あれもこれも詰めこむのではなく、たった一言に絞ってみてください。そして、それをチームで共有し続けてください。ミーティングや朝礼などでも、常にそのキャッチフレーズを繰り返します。

そうするうちに、だれもがそのことについて考えるようになります。

POINT

44 自分たちのクレドをつくる

「クレド」という言葉を聞いたことがありますか？　日本語に直訳すると「信条」となりますが、もっとわかりやすくいうと、「守るべき大切な約束」です。一流ホテルのリッツ・カールトンのクレドが有名ですが、「なんだか立派そうだけど、あまり現実的ではないですよね」という声をよく耳にします。

たしかに、クレドという言葉には、難しそうな印象があります。また、クレドを活用しているとされる会社は、とても有名だったり、一流のサービスを提供していると ころばかりだったりします。

でも、**「守るべき大切な約束」を文章にしたもの**だと考えると、ずいぶん敷居が低くなりますね。この約束は、スタッフ一人ひとりが守るべきものであり、とても重要なものです。一人でも約束を破ると、すべてが台無しになってしまいます。

こうしたことは、本来会社全体として取り組むべきことですが、**個々の店舗ベースや個人ベースでも、うまく活用することで威力を発揮します。**また、キャッチフレーズをチームに浸透させたり、それを具体的な行動に結びつけていくうえでも、クレドはおおいに役立ちます。

店舗ベースでクレドをつくる場合、店長が一人で重々しく考えながらつくるのはやめましょう。そうではなく、みんなが集まるミーティングなどの場を使って、短期間でつくりあげていくのです。最初の3ヵ月間はお試し期間として、「走りながら修正していく」というくらいの姿勢ではじめましょう。

具体的にはどのようにつくっていくとよいのでしょうか？　実際にゼロからクレドを作成したお店の例を見てみましょう。

最初のステップでは、ミーティングなどで、どういうお店にしたいのかを話し合います。なかなかそういう機会を持てない場合は、アンケート形式でスタッフ一人ひとりに答えてもらいましょう。会社の理念も考慮に入れながら、どんなお店にしたらいいかをみんなで検討していくのです。

「いつ行っても笑顔のあるお店」というように、目指すべきお店の姿をできるだけ具体的な言葉で表現します。ここまでを決めるのが、第1ステップです。

全員から意見を出してもらうと、異なる意見も出てくるはずです。じっくりと話し合いながら、一人ひとりが納得するまで詰めていきましょう。同意ができていないまま強引に進めてしまうと、後でその反動が出てきてしまいます。

次のステップでは、「約束」を決めます。第1ステップで出てきた「あるべき姿」を実現するために、どんな約束が必要かを話し合いましょう。アンケート形式で一人10個出してもらうというのでもいいし、ミーティングで意見を出し合うというのもいいでしょう。

こうして出てきたものを集計してみると、似たようなものが出てくるはずです。似たもの同士は一つのグループにまとめます。一つひとつていねいに検討していくと、最終的には3~10個ほどの「約束」が残るはずです。もしもたくさんの約束が残ってしまう場合は、どうしても切り捨てられないものかどうかをもう一度検討し、それでも残るようであればそのまま残しておきましょう。

ここまでできればほぼ完了です。最後のステップは、これらの約束を文書化して、**みんなが見る場所に貼り出す**ことです。名刺サイズにまとめて一人ひとりが持ち歩けば、もはやそれは立派なクレドだと胸を張っていえます。店舗全体ではなく、あなた個人のクレドをつくる場合も、取り組むべきステップはまったく同じです。

企画倒れにならないように、**クレドは毎日繰り返し活用しましょう。**ミーティングや朝礼では、クレドをもとに話し合います。常に携帯し、何度も何度も見ることで、スタッフみんなにとって身近なものにしていきましょう。

自分たちでつくりあげたクレドを徹底的に活用することで、お店のスタンスが自然にお客様にも伝わるようになります。

チームの連帯感や規律といった面でも、すばらしい効果を発揮するはずです。

POINT

45

採用は厳しく

チーム力を高めるには、新しく入ってきたスタッフにしっかりと教育することが必要です。しかし、それ以前にもっと大切にしてほしいことがあります。それは、スタッフを採用するときの対応です。なぜなら、**サービスの質は、採用時に決まっているといっても過言ではないからです。**

多くの経営者や店長と話をしていると、ある共通の悩みが返ってきます。いまの時代、求人をかけてもなかなか人員が集まらないというものです。しかも、入ったと思ったら辞めてしまう。人手不足が続いて、経営に影響を与えかねない状況だといいます。

かといって、人員を確保するために給料を高くするというのも考えものです。人件費が大幅に増えて経営を圧迫しかねないし、それによって本当に人が集まるかどうかもわからないからです。

このような経緯があるため、採用したスタッフに厳しくすることができないともいいます。厳しくしすぎて辞められてしまったら、またふりだしに戻ってしまうからです。また、人員を確保するために、面接を受けた人はすべて採用しているという経営者もいます。

しかしこれでは、チーム力の高い魅力的なお店をつくることはできません。やはり、お店の目指すべき方向というものがある以上、まったく正反対の考えを持っている人を採用してはいけません。

人手不足だからという理由はよくわかりますが、こういうことをしているとどんどん悪循環に陥ってしまいます。お店の考え方に合わない人はいずれ辞めてしまうものですし、お店の雰囲気を悪くしてしまいます。最初は**やせ我慢をしてでも、しっかりと人を見て採用していきましょう。**

さて、採用時には、いったいなにを伝えるとよいのでしょうか？

それは、**仕事の厳しさ**です。どのような点がたいへんなのかをわかりやすく説明してください。そのことを最初の段階でしっかり伝えて、それでも働く気があるのかを聞くのです。

面接の最初の段階で、具体的な仕事内容と、その仕事の厳しい点を説明します。場合によっては、実際に働いているスタッフを面接の場によんで、現場の仕事について説明してもらってもよいでしょう。

これは、ある飲食店の店長から聞いた話です。そのお店は辞める人も少なく、一人ひとりの接客レベルも高いお店でした。その理由をたずねると、やはり面接で、仕事の厳しさなどを包み隠さず話しているとのことでした。

さらにユニークだったのは、採用後の1週間を、おたがいを見きわめる期間としていたことです。その1週間の働きぶりや態度を見て、店長がこの人は難しいだろうと感じたら、きっぱりとその旨を伝えるというのです。

もちろん、この1週間でダメなら辞めてもらうという厳しさも、最初の段階で伝えておきます。また、採用されるほうも、やってみて続けられないなと思ったら、電話やメール1本で辞めてよいことになっています。

このお店の採用にかけるエネルギーは非常に高く、まさに真剣勝負で臨んでいます。また、その真剣さを、採用される側にも求めています。このため、結果として意識の高い人だけが残ることになり、離職率が低くなっているのだそうです。

このように、サービスの質というのは、採用に大きく左右されるわけです。だからこそ、たとえアルバイトであっても、その場しのぎの採用ではなく、すべてをオープンにして納得したうえで働いてもらうことが大切なのです。

仕事の厳しさを率直に話したうえで入ってきてくれる人は、本当にお店の力になってくれる人です。

いい人が集まれば、それだけサービスの質が高まり、離職率も下がります。それがよい循環を生み、働く人のモチベーションも上がっていくのです。

POINT 46

チーム全体で学び合う

「サービスのばらつき」。この言葉を聞いて、ドキッとする人も多いはずです。とくに、店舗数の多いチェーン店であれば、なおさらです。チェーン店というと、なんでも標準化されていて、どこに行っても一律というイメージがありますが、人がかかわる部分については、必ずしもそうではありません。

とくに多いのが、社員教育はしっかりできているにもかかわらず、**アルバイトに対してはまったく教育がなされていない**ケースです。このため、曜日や時間帯によって、対応がまったく異なったものになってしまうことがあります。

ある化粧品販売店でのことです。平日の空いている時間に行くと、知識のある社員が対応してくれるのですが、日曜日の混雑時には、明らかに不慣れな感じの店員さんがいます。商品について質問をしても、パンフレットを持ってきて、ただ単に書いてあることを読むだけだったりします。

このお店では、休日のお客様に対応するために、アルバイトを大量に採用していました。しかし、ほとんど研修もせずに現場に出していたため、彼らはなにをどう説明したらよいのか、まったくわかっていなかったのです。

本部は、休日はお客様が多いから、スタッフがいるだけで売れていくだろうと考えていました。しかし、それは大きな間違いでした。他店がていねいな説明や接客で売上を伸ばす一方で、この店舗にきたお客様はなかなか購入に至らなかったのです。

こうした状況が明らかになっても、現状をすぐに変えることはできませんでした。社員に、アルバイトの人たちを教育するノウハウや経験がなかったからです。自分で売ることはできても、教えることはできなかったのです。

その結果、あいまいな状態のまま時間ばかりがすぎてしまい、とうとう抜本的な大改革をしなくてはならないというところまできてしまいました。

覚えておいてほしいのは、お客様には「アルバイトだから」といういい訳は一切通用しないということです。アルバイトだから商品説明ができないなどということを、お客様に納得してもらうことはできません。お客様は、その場にいる以上、ちゃんと説明できるものと考えています。「日曜日のシフトは、すべてアルバイトなので……」といわれても、そんなことはお客様にとっては関係のないことです。

なにかトラブルが起こったとき、「たまたまあのときは、アルバイトが対応したから」といういい訳ですませようとするのも、大きな心得違いです。レストランで「はじめて料理をつくるスタッフだったので、おいしくなかったのは仕方がないのです」といわれても、納得してくれるお客様はいません。

同じお金をいただく以上、**だれであれ同等のサービスを提供する義務があります。**そのためには、いつ、だれが現場に出ても安心できるチームづくりが必要です。店長やリーダーがいなくてもお店が回る状態が必要なのです。

このような状態をつくるためには、**すべてのスタッフが一定以上の知識を持たなく**

てはなりません。また、一定以上の接客力も必要です。たとえそれがアルバイトであっても、全員が一定レベルのスキルを持つようにするのです。

これを実現するために、**立場に関係なく教育を受けられる**ようにしましょう。全員が同じことを学べば、一定のレベルを保つことができるはずです。

そして、次に大切なのは、**情報を共有**することです。これがしっかりできていれば、お店の質が高まります。スタッフ同士の横のつながりができることで、全体のレベルがぐんとアップするからです。

もしあなたのお店で、サービスを提供する人によって対応に大きな差があるとしたら、すぐにでも改善していきましょう。勉強会を開いて全体のレベルアップをはかるとか、新商品の情報やクレームの内容を共有するといったことなら、明日からでも実行できるはずです。いつ、だれがいても安心できるようなチームづくりができれば、お店の価値も、あなた自身の価値も高まっていきます。

POINT

47

よいことは続け、悪いことは直す

「よいことは続け、悪いことは直す」。

当たり前のことですが、口でいうほど簡単なことではありません。とくに、悪いことを直すことについては、「それができれば苦労しないんだが……」とあきらめムードになってしまう人がたくさんいます。

簡単なことなのに、なぜそれができないのでしょうか？

一つには、口では直したいといっていても、心の底では現状が心地よくて、とくに変えようとする気が起こらないということが考えられます。これはモチベーションの問題です。もう一つは、直したいのだけれど、どうしたらよいのかわからないという技術的な問題です。

実は、後者の問題も、厳密にはモチベーションの問題といえます。なぜなら、悪い点の直し方がわからなくても、人に聞いたり、調べたりすることはできるはずだからです。先輩や同僚に相談してみる、お客様に聞いてみるなど、いくらでもやり方はあります。にもかかわらず、「どうすればいいのかわからない」といっているのは、本気で直そうとする気持ちが弱いからだといえます。それほど一生懸命には、解決策を探っていないのです。

わたしがさまざまなお店を見ていて感じるのは、優れたチームには、「よいことを続け、悪いことは修正する」風土が根づいているということです。

なにかトラブルが起こると、その問題を解決するために、みんながすぐに行動を起こします。そこには、どうすればよいのかという迷いはありません。試行錯誤しながらも、とにかくなんらかの対策を打っていきます。

一方、うまくいっていないチームでは、よいことも悪いことも行きあたりばったりです。その場限りの対応をくりかえすだけなので、よいことがあっても一時的にしか続きませんし、悪いことが根本から直されることもありません。

ここで、ある旅館の取り組みを紹介しましょう。

この旅館では、お客様にアンケートをお願いしていました。アンケートでよい評価がえられた場合は、それを表彰に使います。一方、悪い評価については、責めるのではなく、数日以内に改善策を示し、1ヵ月以内に実行するよう全員に徹底していました。

1ヵ月たったら、支配人が中心となって、各従業員から改善報告を受けます。さらに、外部のコンサルタントにお願いして、改善した部分をチェックしてもらっていました。また、これらのよい例と悪い例をすべてパソコンに入力し、過去の事例を一覧できるようにもしていました。

つまり、**よいところはほめ、悪いところは早急に改善するための仕組み**ができあがっていて、そうすることが当たり前の組織になっていたのです。

よいことを続けるには、表彰をするなど、よいことをした人が喜ぶ仕組みが必要です。だれでもほめられればうれしいものです。もっとがんばろうという気持ちにもなります。

また、悪い部分が見つかったら、どれだけはやくそれを改善できるかということが重要になってきます。そのためには、チームのメンバー一人ひとりがすぐに動ける組織をつくっていく必要があります。なんでもいい合える風通しのよいチームというのも、大切な要素です。

そして、**よい対応と悪い対応をデータに保存していく**ことで、ノウハウが蓄積されていきます。そのデータを見れば、同じようなクレームが繰り返されていないかをチェックできます。頻繁に起きているのであれば、抜本的な対策を打つことが求められます。

「そんな単純なものではないよ」という人もいるかもしれません。しかし、実際に、優れたお店は、「よいことは続け、悪いことは直す」ということができています。

特別なことをしているわけではありません。ただ単に、悪いところを知ったら放っておかず、すぐに対応しているにすぎません。

そうすることが、当たり前のことを、当たり前にできるようにするということなのです。

POINT

48 店内に「やまびこ」を響かせる

元気なお店は、スタッフの反応がはやいものです。これは、よいお店を見分ける判断材料になります。たとえば、店内に入るとすぐに「いらっしゃいませ」という声が聞こえ、続けてすぐに別のだれかが「いらっしゃいませ」とやまびこを返す。「ありがとうございました」と一人がいうと、すぐに「ありがとうございました」と別の声が聞こえてくる。これが、よいお店の条件です。

あいさつ一つをとっても、反応がはやいわけです。

このような「やまびこ」を店内につくるためには、三つのことが必要です。

まずは、**スタッフ一人ひとりが店内の状況をしっかり把握していること。**自分の仕事だけしか見えていない人は、全体の状況がつかめないため、声出しができません。

一方、全体の状況をつかんだうえで自分の役目を果たしている人は、店内でなにが起こっているかを察知する能力が高いので、声出しのタイミングをはずしません。

二つ目は、**どの場面で声を出すべきかという流れを押さえていること**です。そうしないと、いつどこで声があがるかがわからず、やはり出遅れてしまいます。自分の作業をしながらも、「いま、あのお客様の商品を包んでいるから、次のタイミングで『ありがとうございました』が出るな」などと考えることができれば、ワンテンポ遅れることはなくなります。

そして三つ目は、**ベストのタイミングで、ちょっと高めの元気な声を出すこと**です。いろいろなお店を見ていると、やまびこができているお店は、全体的にスタッフの声が高く、店内に響き渡っています。

この「やまびこ」を聞くだけで、お店の力量がある程度わかります。これは、「やまびこ」が、お店のチーム力を表すものだからです。

「やまびこ」というのは、全員で一緒に縄跳びをしているようなものです。一人が縄に引っかかるだけで、「やまびこ」は止まってしまいます。毎回「せーのっ」とかけ声をかけるわけではないので、息を合わせてタイミングをそろえる必要もあります。

しかも、ほかの作業をしながらタイミングを一致させるには、それだけのチーム力が求められます。

「やまびこ」にはいくつかのパターンがあり、それがそのままチーム力を表しています。たとえば、まるで演劇のように全員がそろっていて、元気にあいさつをしているのは、間違いなくチーム力が高いお店です。このようなお店には、お客様がなにかいう前に気がつくといったホスピタリティもあります。不思議なことに、こうしたお店のスタッフは声だけでなく、お客様の感情を察知する能力も高いものです。

次のパターンは、声を出してはいるのですが、活気のないお店です。この原因は、自分の仕事さえやっていればよいというスタッフが多いことにあります。主軸は自分の目の前の仕事にあるので、とりあえず声を出すという程度になってしまっているのです。なにか問題があると、「自分は知らない」といった雰囲気がただようのも、こうしたチームの特徴です。

最後に、いちばん問題なのは、やまびこがまったくないお店です。お客様の目の前にいるスタッフだけが「いらっしゃいませ」といって、ほかの人たちは見向きもしません。

こうなってしまう原因は、たいていの場合、店長にあります。店長自身にやる気がなく、スタッフになにも教えていないのです。その結果、店内がバラバラになってしまっています。当然、売上も低迷しますし、清潔度やサービスもよくありません。

店内に「やまびこ」をつくるためには、チームの協力が絶対に不可欠です。それを率先して導いていくのが店長の役割です。そのためには、一定の規律も必要ですし、一人ひとりの接客レベルを高める必要もあるでしょう。

そしてなにより、おもてなしとはなにかということを、スタッフ全員にしっかりと理解させなくてはいけません。お客様をもてなすことの大切さを知っているスタッフが多いと、「やまびこ」の質も高くなります。

POINT

49 暗黙の連携がとれるようになる

お客様の満足度が高いお店というのは、必ず**暗黙の連携**がとれています。それも、店長が一から指示を出して行うわけではなく、チームの一人ひとりが自分の役割を知り、その流れのなかから出てくる暗黙の連携です。

スタッフにはなにかしらの役割分担があるものですが、「このお店はサービスが悪いな」と感じるお店は、それぞれのスタッフが自分の役割しか見ていません。このため、ほかのスタッフがサポートを必要としていても、いわれるまで気がつきません。一人ひとりの作業が分断されて、連携が存在しないのです。

同じお店のスタッフなのに、まったく知らない人同士のように見えることさえあります。同じ空間にいても、コミュニケーションがまったくないからです。これでは、連携がうまくいかないのも当然でしょう。

一口に「連携」といっても、さまざまなケースが考えられます。「さっき、ものすごく怒っているお客様がきた」ということをほかのスタッフに伝えるのも連携です。また、一人がお皿を片づけたら別のスタッフがテーブルをふくというのもそうです。こうした連携が暗黙のうちにできるようになると、サービスの質がぐっと高まります。

あるケーキ屋で、お客様がたくさんのケーキを注文しているときのことです。「持ち帰りで、チーズケーキが５つ、ショートケーキが３つ……」とどんどん注文していると、別のスタッフがサッと近くにきて、お持ち帰り用の準備をしはじめました。箱を広げて、次々とケーキを詰めていきます。

そのあいだ、注文を受けたスタッフは、代金の精算など、別の仕事を進めていました。この二人の動きは、非常にスムーズですばやいものでした。

忙しいときは、だれかがフォローする。この暗黙のサポートは、とても美しく見えるものです。もちろん、あえて言葉でやりとりをすることもあります。管理体制をきっちりと整えたい企業にとっては、声を出し合うことも大切です。

しかし、いちいち声をかけなければサポートできないよりも、無言で察知してサポートし合うことのほうが高度だといえるでしょう。

おもてなしができるチームというのは、すべてを先読みして行動しているものです。このおもてなしには二つの側面があります。

一つは、お客様とじかに接する部分でのおもてなしです。つまり、お客様が望んでいることを先読みして、それを満たしてあげるというものです。

もう一つの側面は、チームに対するおもてなしです。スタッフ同士でおたがいの行動を先読みして、フォローし合うわけです。これは、お客様へのおもてなしにもつながります。先ほどのケーキ屋の例にもあったように、並行して作業することで、お客様の待ち時間を短縮できるからです。

このような暗黙の連携ができるようになるには、**メンバー同士の信頼関係**が非常に重要になってきます。おたがいの信頼感を高めるためには、チームでのコミュニケーションが欠かせません。おたがいの状況を知っていれば、相手の動きからなにを求めているかが読み取りやすくなるからです。

アルバイトであれ社員であれ、仕事を開始する前後のちょっとした会話をもっと大事にしてみましょう。あまり仕事とは関係ない話であっても、おたがいの連携に大きな影響をもたらすことがあります。

たまに、仕事さえきっちりやっていれば、別にコミュニケーションなんかいらないじゃないかという人がいます。そのような考えでは、深い意味でのおもてなしをお客様に提供することはできません。表面上は問題がないように見えても、本当に信頼される仕事ができているとはいえないのです。

連携ができるチームをつくりたいと思うのなら、**何気ない会話によって、周りの人の調子や考えなどを把握できるようになりましょう。**コミュニケーションが深まるほどおたがいの信頼感が増し、言葉を交わさなくても連携できるチームができてきます。

POINT

50 チームメンバーの満足感を上げる

サービスがいいお店は、従業員の満足感も高くなります。これは覆面調査の分析結果でも、そのほかの研究結果でも明らかになっていることです。サービスをよくしようと思ったら、**スタッフの満足感を高める**ことが大切というわけです。

さて、満足感というのは、具体的にはどのようなものを指すのでしょうか？

わたしは**居心地**ではないかと思っています。居心地がよいというのは、気持ちがリラックスしているということです。とはいっても、楽をしているという意味ではありません。仕事ですから当然緊張感もあるのですが、どこか居心地のよさもあるわけです。

つまり、肉体的にたいへんでも、精神的に張りつめていても、**スタッフ同士の信頼**

感があり、仕事にもやりがいがある。そういうことすべてを含めて、「ここで働いていたい」と思わせる風土があることが、満足感につながるのです。

スタッフの満足感が高ければ、それだけで「このお店でもっと長く働きたい」と考えるようになるはずです。そうなるとベテランが増え、さらにサービスの質が高まります。

一方で、サービスの質が低いお店のスタッフに個人面談を行うと、必ず「いますぐにでも辞めたい」という人が出てきます。モチベーションも低く、不満ばかりがつのっている状態です。

スタッフの満足感を高めるには、いろいろなアプローチが考えられます。ここでは、ある小売チェーン店での取り組みを紹介しましょう。

このお店はスタッフの離職率が非常に高く、それに伴うサービスの低下が問題になっていました。これはすぐにでも解決する必要があるということで、ステップを三つにわけて対策を打つことにしました。

まずは、**「なんでもいい合える場」をつくる**ことです。個人面談を行ったところ、スタッフのなかにいろいろな不満があることがわかりました。おたがいに話をしていれば解決できるようなこともあったのですが、いい合う場がないため、不満がたまっていたようです。

そこで、店舗ミーティングを毎週1回開くようにして、感じたことを率直にいい合える場をつくりました。そして、ただいい合うだけではなく、どうすればよいのかという解決策まで話し合うようにしたのです。

二番目に取り組んだことは、**トップダウンによる対処**でした。ミーティングではさまざまな議論が繰り広げられますが、なかにはその場で解決できないこともあります。それをあやふやなままにしておくのではなく、店長や統括責任者がなんらかの解決策を打ち出すという対処の仕方をとりました。

たとえば、商品を運び出すための荷台が小さく、一度に運べる量が限られるという問題がありました。それなのに、品出しが遅いと営業スタッフから文句をいわれるのは納得がいかないというのです。

一方、営業スタッフからすると、品出しが遅いことで販売機会の損失が起こるため、スピードを上げるべきだという考えを譲ることはできません。このようなときは、荷台を大きなものに換えるなど、権限のある人がなんらかの解決策を考え、トップダウンで推し進めていく必要があります。

最後は、**「ほめる」と「叱る」の仕組みをつくる**ことです。つまり、がんばった人が報われるようにしたのです。具体的には、それまでの仕事の流れをデータベース化し、このような対応はプラスの評価を与える、こんな場合はマイナス、といった基準を明確にしました。そして、それが給与にも反映されるようにしていったのです。

お店の業態や現場の問題点によっても、対処の仕方は変わってくると思います。大切なことは、スタッフの居心地をよくすることができれば、お客様へのサービスの質も高まるということです。あなた自身のやる気を高めることももちろん重要ですが、そこに周りのスタッフを巻きこむことができると、お店の魅力はさらに高まるでしょう。

日本一の覆面調査員《ミステリーショッパー》が明かす
100点接客術

発行日　2016年 9月10日　第1刷
　　　　2016年 11月20日　第2刷

Author　本多正克

Book Designer　鈴木大輔・江﨑輝海（ソウルデザイン）

Publication　株式会社ディスカヴァー・トゥエンティワン
〒102-0093　東京都千代田区平河町 2-16-1 平河町森タワー 11F
TEL　03-3237-8321（代表）
FAX　03-3237-8323
http://www.d21.co.jp

Publisher　干場弓子
Editor　堀部直人

Marketing Group
Staff　小田孝文　井筒浩　千葉潤子　飯田智樹　佐藤昌幸　谷口奈緒美　西川なつか　古矢薫　原大士　蛯原昇　安永智洋　鍋田匠伴　榊原僚　佐竹祐哉　廣内悠理　梅本翔太　奥田千晶　田中姫菜　橋本莉奈　川島理　渡辺基志　庄司知世　谷中卓

Assistant Staff　俵敬子　町田加奈子　丸山香織　小林里美　井澤徳子　藤井多穂子　藤井かおり　葛目美枝子　伊藤香　常徳すみ　鈴木洋子　片桐麻季　板野千広　山浦和　住田智佳子　竹内暁子　内山典子

Productive Group
Staff　藤田浩芳　千葉正幸　原典宏　林秀樹　三谷祐一　石橋和佳　大山聡子　大竹朝子　井上慎平　林拓馬　塔下太朗　松石悠　木下智尋

E-Business Group
Staff　松原史与志　中澤泰宏　中村郁子　伊東佑真　牧野類　伊藤光太郎

Global & Public Relations Group
Staff　郭迪　田中亜紀　杉田彰子　倉田華　鄧佩妍　李瑋玲　イエン・サムハマ

Operations & Accounting Group
Staff　山中麻吏　吉澤道子　小関勝則　池田望　福永友紀

Proofreader　文字工房燦光
DTP　朝日メディアインターナショナル株式会社
Printing　中央精版印刷株式会社

ISBN978-4-7993-1960-4